Springer-Lehrbuch

Springer-Verlag Berlin Heidelberg GmbH

Erhard Blankenburg

Mobilisierung des Rechts

Eine Einführung in die Rechtssoziologie

Mit 7 Abbildungen
und 24 Tabellen

Professor Dr. Erhard Blankenburg
Faculteit der Rechtsgeleerdheid
Vrije Universiteit
Amsterdam

ISBN 978-3-540-55731-9   ISBN 978-3-642-57870-0 (eBook)
DOI 10.1007/978-3-642-57870-0

Mobilisierung des Rechts : eine Einführung in die Rechtssoziologie : mit 24 Tabellen /
Erhard Blankenburg. -
Berlin ; Heidelberg ; New York ; Barcelona ; Budapest ; Hong Kong ; London ; Mailand ;
Paris ; Tokyo :
Springer, 1995 (Springer-Lehrbuch)
ISBN 978-3-540-55731-9

Dieses Werk ist urheberrechtlich geschützt. Die dadurch begründeten Rechte, insbesondere die der Übersetzung, des Nachdruckes, des Vortrags, der Entnahme von Abbildungen und Tabellen, der Funksendungen, der Mikroverfilmung oder der Vervielfältigung auf anderen Wegen und der Speicherung in Datenverarbeitungsanlagen, bleiben, auch bei nur auszugsweiser Verwertung, vorbehalten. Eine Vervielfältigung dieses Werkes oder von Teilen dieses Werkes ist auch im Einzelfall nur in den Grenzen der gesetzlichen Bestimmungen des Urheberrechtsgesetzes der Bundesrepublik Deutschland vom 9. September 1965 in der Fassung vom 24. Juni 1985 zulässig. Sie ist grundsätzlich vergütungspflichtig. Zuwiderhandlungen unterliegen den Strafbestimmungen des Urheberrechtsgesetzes.

© Springer-Verlag Berlin Heidelberg 1995
Ursprünglich erschienen bei Springer-Verlag Berlin Heidelberg New York 1995

Die Wiedergabe von Gebrauchsnamen, Handelsnamen, Warenbezeichnungen usw. in diesem Werk berechtigt auch ohne besondere Kennzeichnung nicht zu der Annahme, daß solche Namen im Sinne der Warenzeichen- und Markenschutz-Gesetzgebung als frei zu betrachten wären und daher von jedermann benutzt werden dürfen.
Datenkonvertierung und Satz mit L'TEX durch M. I. Just,
Technische Texte, Kronau

64/2202-5 4 3 2 1 0 - Gedruckt auf säurefreiem Papier

Vorwort

Die Vorlesungen zur Rechtssoziologie, die hier im Zusammenhang vorgelegt werden, habe ich im Wintersemester 1991/92 an der Schiller Universität Jena gehalten. Nach zwei von der politischen Wende geprägten Semestern an der Humboldt Universität waren im Jenenser Hörsaal ruhige Lernzeiten angebrochen. Zu meinem Erstaunen waren meinen Studenten die DDR-Zeiten schon sehr entrückt; ihnen ging es vor allem um die Einübung der juristischen Fertigkeiten in dem Staat, in den sie hineinwuchsen. Die empirischen Forschungen zu Gerichtsverfahren, über die in den Vorlesungen berichtet wurde, interessierten sie auch deshalb, weil zu den einzelnen Kapiteln Beamte von der Kriminalpolizei, Richter und Rechtsanwälte eingeladen waren, die den Wissensabstand zwischen rechtsdogmatischer Lehre und juristischer Praxis zu verringern halfen.

Ein zweiter Aspekt, der in diesen Vorlesungen didaktisch wichtig ist, betrifft die Methoden empirischer Sozialforschung, die den einzelnen Kapiteln zugrunde liegen. Die beschreibende Kenntnis von Verhalten bei der Mobilisierung von Recht, in Verfahren und von Gerichtsstrukturen stellt eine nützliche Ergänzung des dogmatischen Lehrstoffs im juristischen Studium dar; vermittelt werden sollte dabei auch, im Rahmen welcher methodischen Möglichkeiten und Grenzen empirischer Datenerhebung die Kenntnis der Rechtspraxis gewonnen werden kann. Die Untersuchungen, die hier vorgestellt werden, unterscheiden sich methodisch von den Praxisberichten und Meinungssammlungen, die etwa bei Gesetzesvorbereitungen von Ministerialbeamten und Rechtsausschüssen zusammengestellt werden. Anstelle oft wohlfeiler Justizkritik und schneller Empfehlung aus irgendeinem Reforminteresse streben sie nach einer Zusammenschau der Perspektiven der verschiedenen Akteure in Rechtsverfahren, zugleich aber auch nach Erklärungen, für welche potentiell rechtsrelevanten Konflikte Instanzen mobilisiert werden und welche dagegen im großen Dunkelfeld des sozialen Vorfelds abgehandelt werden. Insofern handelt diese Vorlesung von dem Stellenwert des Rechts im alltäglichen sozialen Leben.

Inhaltsverzeichnis

Tabellenverzeichnis IX

Abbildungsverzeichnis XI

1. **Recht als Verfahren** 1
    1.1 ‚Recht' aus der externen Perspektive 1
    1.2 Juristische und soziologische ‚Geltungs'fragen 4

2. **Der Strafrechtstrichter** 9
    2.1 Definition der Kriminalität durch das Opfer 13
    2.2 Definition der Kriminalität durch die Polizei 15
    2.3 Definition der Kriminalität durch die Anklagebehörde 16
    2.4 Nicht-Kriminalisierung als Struktur und Routine 19

3. **Rechtspflichten oder Rechtsansprüche – über das instrumentelle Rechtsbewußtsein der jüngeren Generation** 25
    3.1 Die sogenannten ‚Rechtsbedürfnisse' als Kompensation sozialer Schwäche 25
    3.2 Das Vermeiden von Rechtsinstanzen 26
    3.3 Wechselwirkung von Angebot und Nachfrage 27
    3.4 Rechtsansprüche, Rechtsmobilisierung und Rechtsohnmacht .. 30
        3.4.1 Konsumentenprobleme 30
        3.4.2 Probleme im Arbeitsleben 32
        3.4.3 Probleme um die Wohnung 34
    3.5 ‚Instrumentelles Rechtsbewußtsein' 36

4. **Mobilisierung von Gerichten** 39
    4.1 Modelle rechtlicher Normen 39
    4.2 Die Thematisierung von Recht 42
        4.2.1 Fortbestehende Sozialbeziehungen 43
        4.2.2 Einmalige oder anonyme Sozialbeziehungen 46
        4.2.3 Gegenwehr gegen rechtliche Schritte anderer 49
    4.3 Der Weg zum Gericht als letzte Stufe von Problemlösungsversuchen 49
        4.3.1 Der Zugang zu Rechtsanwälten und Gerichten 51

4.4 Moralische Schuldzuschreibung und rechtliche Zurechenbarkeit:
Die Oxford Studie zu den Folgen von Unfall und Krankheit 56
4.5 Soziale Funktionen von Zivil- und Strafrecht im Vergleich 59

5. **Soziologie von Gerichtsverfahren** 63

6. **Soziologie der Rechtsmittel** 77
   6.1 Die Rechtsfortbildungsfunktion von Rechtsmitteln 79
   6.2 Die Größe des Rechtsbetriebs als Motor der Ausdifferenzierung ... 81

7. **Indikatorenvergleich von Rechtskulturen** 95
   7.1 Nachfrage und Angebot von Recht: Internationale Vergleiche 95
   7.2 Vergleich der kommunistischen mit westlichen Rechtskulturen 100
   7.3 ‚Rechtskultur' 104

8. **Das Verfassungsgericht** 107
   8.1 Von der offenen zur geschlossenen Gesellschaft der Verfassungsinterpreten 107
   8.2 Die Mobilisierung des Bundesverfassungsgerichts 109
   8.3 Die Transformation in juristische Entscheidungsfragen 110
   8.4 Grenzen der Juridifizierung von Politik 113

9. **Die Implementation von Gerichtsentscheidungen** 115
   9.1 Implementation als Prozeß 115
   9.2 Rechtspolitik der Gerichte 117
   9.3 Gerichtsverfahren als politische Strategie 119

10. **Legitimation durch Verfahren?** 123

Tabellenverzeichnis

2.1 Struktur des Dunkelfelds 18

3.1 Konsumprobleme 31
3.2 Beschwerdeaktivitäten bei Verbraucher-Problemen 32
3.3 Probleme im Arbeitsleben 33
3.4 Beschwerdeaktivitäten bei Problemen im Arbeitsleben 33
3.5 Wohnungsprobleme 35
3.6 Rechtsgläubigkeit und ‚Instrumentelles Rechtsbewußtsein' 38

4.1 Verteilung der Parteienkonstellation bei Prozessen um Kaufverträge am Amtsgericht 49
4.2 Rechtliche und außerrechtliche Lösungsversuche bei Problemen 52
4.3 Kontakte mit Gerichten/Anwälten und Rechtsschutzversicherung 55
4.4 Ist jemand anders „schuld" und soll jemand anders Schadenersatz leisten? (nur Unfälle) 57

5.1 Ausgang von Prozessen vor verschiedenen Gerichten 70
5.2 Erfolg des Klägers im Zivilgericht vor dem Amtsgericht nach Prozeßgegenstand 71
5.3 Funktion von Gerichtsprozessen für die Parteien 75

6.1 Zahl der obersten Richter in Zivilsachen 83
6.2 Geschäftsanfall bei zivilrechtlichen Revisionssachen 85
6.3 Erledigungen von zivilrechtlichen Revisionssachen 86
6.4 Urteile/Arreste, die die Vorinstanz nicht bestätigen 87

7.1 Zivilverfahren je 1 Million Einwohner (1984) 97
7.2 Richter und Rechtsanwälte je 1 Million Bürger (1992) 98
7.3 Zahl und Rate der Richter und Rechtsanwälte in beiden deutschen Staaten und den Niederlanden (1988/89) 101
7.4 Streitige Prozesse (Entscheidungen in erster Instanz) nach Rechtsbereichen (1988) 101

8.1 Verfassungsinterpretation 108
8.2 Eingegangene Verfahren beim Bundesverfassungsgericht (1991) 111

Abbildungsverzeichnis

2.1 Trichter des Strafverfahrens 10
2.2 Polizeiliche Kriminalitätsstatistik im Vergleich zur Justizstatistik 12
2.3 Strafzumessung im Deutschen Reich und in der Bundesrepublik Deutschland 1882–1986 12
2.4 Faktoren der Kriminalisierung 22

3.1 Alter, Rechtskenntnis/-erfahrung und Vertrauen in Rechtsinstanzen sowie Konformitäts- und Anspruchsbewußtsein 37

5.1 Berufungsquoten nach Streitgegenstand 65

9.1 Arenen und Akteure eines Prozesses 121

1. Recht als Verfahren

1.1 ‚Recht' aus der externen Perspektive

Die Frage „Was ist Recht?" meinte Immanuel Kant „möchte die Rechtsgelehrten ebenso in Verlegenheit setzen als die berufene Aufforderung: Was ist Wahrheit? den Logiker. Was Recht sei, das ist was die Gesetze an einem gewissen Ort und zu einer gewissen Zeit sagen oder gesagt haben, kann er noch wohl angeben; aber ob das, was sie wollten auch recht sei, und das allgemeine Kriterium, woran man überhaupt rechtens sowohl als unrechtens erkennen könne, bleibt ihm wohl verborgen, wenn er nicht eine Zeitlang jene empirischen Prinzipien verläßt, und die Quellen jener Urteile in der bloßen Vernunft sucht. Eine bloß empirische Rechtslehre ist ein Kopf, der schön sein mag, nur schade! daß er kein Gehirn hat."[1]

Es versteht sich, daß es Kant als Philosophen hier um einen normativen Begriff geht, also um eine Begründung dessen, was ‚rechtens' sein solle. Hierzu gibt es in seinem Weltbild eine Antwort der Vernunft, die immer besteht, gleich ob wir sie erkennen oder nicht. Der Philosoph hat sie zu ergründen, während die Rechtsgelehrten sich mit einer ‚empirischen' Antwort begnügen, was unter ihresgleichen als ‚Recht' konstatiert wird. Was Kant ‚empirisch' nennt, zielt also nicht etwa auf das, was heutige Rechtssoziologen interessiert, nämlich die ‚Rechtswirklichkeit' von Handeln, das sich am Recht ausrichtet (oder dies gerade nicht tut), sondern immer noch auf eine rechtsdogmatische Frage, nämlich auf den Konsens oder Dissens unter Rechtsgelehrten, was sie für ‚geltendes Recht' halten. Auch seine ‚empirische Frage' bleibt *intern* im Bedeutungssystem des jeweiligen Rechts; es meint immer noch ein Sollen, nämlich das, was die Jurisprudenz als ‚Recht' anerkannt hat. ‚Recht' ist hier der Argumentationskosmos der Juristen mit seinen verschiedenen, oft widersprüchlichen Elementen eines tatsächlichen, historisch bestehenden Rechtssystems; es *setzt*, was in bezug auf eine bestimmte Frage die ‚geltende' Rechtsauffassung sein *solle*.

In der Rechtssoziologie wird die Empirie strikter verstanden. Ihr Erkenntnisinteresse ist nicht die philosophische Frage, was rechtens, noch die rechtsdogmatische, was ‚Recht' sein solle, sondern die faktische, wer feststellt und auf welche Weise, was Recht sein soll. Daran schließen sich weitere soziologische Fragen nach rechtsrelevantem Handeln an, etwa danach, wer sich an das geltende Recht hält, wer nicht, oder wem es nützt und wem es schadet. Natürlich können aus den Antworten und Erklärungen, auf die Soziologen dabei kommen, normative Schlüsse gezogen wer-

---

[1] Frei zitiert nach der Einleitung in die Rechtslehre, Metaphysik der Sitten, Königsberg 1797.

den. Zunächst aber, und erkenntnisleitend ist für sie die *Erklärung von Handlungsmustern*, wie Recht formuliert wird, in Anspruch genommen und durchgesetzt oder aber gebrochen und umgangen wird.

Erkennbar, wie bestimmt wird, was Recht sein solle, ist am ehesten, wenn darüber gestritten wird. Rechtliche Entscheidungen müssen herausgefordert werden, sie unterscheiden sich von anderen dadurch, daß hierfür Instanzen und deren Verfahren mobilisiert werden müssen. Dies beginnt mit einem Wahrnehmungsprozeß: Eine Situation als potentiell rechtlich zu erkennen, setzt Kenntnis und Definition voraus; es schließt sich die Frage der Alternativen an, mit denen sich rechtliche Schritte vermeiden ließen; und erst nach einem selektiven Vorprozeß ist es dann soweit, tatsächlich eine Instanz anzurufen. Ähnliches setzt sich *im* Verfahren fort: Parteien müssen sich immer erneut entscheiden, ob sie bis zum Ende streiten, Rechtsmittel einlegen und ein mögliches Urteil tatsächlich vollstrecken lassen wollen. Nur wenige fechten bis zum Ende, die meisten suchen auf halbem Wege einen Ausstieg.

Alle diese Aktivitäten lassen sich beobachten. Natürlich müssen die Beobachter sich hierbei an Selbstverständnisse halten, etwa der juristischen Profession, welche Regelungen sie als ‚rechtlich' anschaut, oder aber die von streitenden Parteien, ob sie für eine Entscheidung ‚rechtlichen' Rat oder Instanzen anrufen wollen. Kant mag eine gänzlich unphilosophische Fragestellung von Juristen, die festlegen, was faktisch als Recht ‚gilt' hirnlos erscheinen, weil sie normative Fragen ohne Rückgriff auf die philosophischen Grundlagen, dessen was ‚rechtens' sei (also unbhängig vom ‚geltenden Recht' als ‚gerecht'), zu entscheiden suchen – die Fragen der Rechtssoziologen sind es dann noch mehr. Sie gebrauchen von ihrem Kopf in erster Linie die Augen, um zunächst ohne normative Absicht zu sehen, wie die Juristen ihre Normen festlegen. Sie sind empirisch in einem noch radikaler *externen* Sinn: ‚Gerechtigkeit' läßt sich ohne normative Vorgaben nicht bestimmen, ‚Recht' jedoch, so wie es faktisch interpretiert und gehandhabt wird, sehr wohl. Dies letztere gilt es zunächst zu beschreiben und dabei möglichst auch zu erklären.

Extern gesehen läßt sich an Verfahren einfach bestimmen, was der ‚Rechtsbegriff' sein solle: Er muß sich an dem ablesen lassen, ob die Handelnden ihre Aktion als ‚rechtlich' ansehen oder nicht. Daß ihnen dies häufig nicht deutlich vor Augen steht, gehört zum externen Rechtsbegriff: Eine Handlung kann im Selbstverständnis *mehr oder weniger* ‚rechtlich' gesehen werden; sie kann auch von der einen Partei als ‚rein rechtlich' angesehen werden, von der anderen jedoch als ‚eher' eine ‚soziale' Entscheidungsfrage. Der hier benutzte Rechtsbegriff ist also *„graduell'*. Er orientiert sich nicht an dem Gegensatzpaar von ‚recht' gegenüber ‚unrecht', sondern an dem von ‚Recht' gegenüber ‚nicht Recht'[2].

---

[2] Schon hier wird deutlich, daß wir eine andere Fragestellung verfolgen als Niklas Luhmann: Das Recht der Gesellschaft, Frankfurt 1993, der ‚Recht' durch den ‚binären Code von Recht und Unrecht' gekennzeichnet sieht. Auch er versteht sich als externer Beobachter, sein Gegenstand aber ist der ‚symbolische Kosmos' von Kommunikationen über Recht. In unserem Zusammenhang dagegen geht es um *Verhalten*, mit dem Akteure bestimmen, was als Recht *wirksam* wird. Es wäre verfehlt, die eine oder andere Definition als ‚allein richtig' oder ‚falsch' zu bezeichnen – sie richten sich schlicht auf unterschiedliche Fragestellungen.

Auf die Vorteile eines graduellen Rechtsbegriffs hat schon Theodor Geiger[3] hingewiesen, der in seinen Vorstudien zu einer Soziologie des Rechts den Begriff der ‚Geltung' von Normen verhaltensmäßig definiert hat. In polemischer Gegenüberstellung zum internen ‚Geltungs'begriff der Juristen, die feststellen wollen, was ‚rechtens' sein solle, definiert er einen faktischen ‚Geltungs'begriff schlicht auf der Basis der beobachtbaren Verhaltensregelmäßigkeit. Dabei ist für ihn eine ‚Norm' erst gegeben, wenn auf die Abweichungen von einem regelmäßig sich wiederholenden Verhalten mit einer gewissen Wahrscheinlichkeit eine *Sanktion* erfolgt. Diese ‚*soziale Norm*' wird zur ‚rechtlichen', wenn diese Sanktion von einer Instanz durchgeführt oder bekräftigt wird. Auch dies ist wieder extern und strikt durch Beobachtung feststellbar. Mit dieser doppelten Beschränkung: Zunächst von der internen Perspektive, also dem normativen System von Recht, als auch von jeglichem Verstehen des gemeinten Sinns von Handelnden abzusehen, gewinnt Geiger eine wissenschaftliche Klarheit der Definitionen, die ihm erlaubt, einen graduellen, auf Wahrscheinlichkeiten des Verhaltens basierenden Rechtsbegriff zu formulieren. Für den Sozialwissenschaftler hat dieser Begriff den Vorteil, soziale Normen und Rechtsnormen nach klaren Kriterien zu unterscheiden, die zudem in unterschiedlichen Gesellschaften vom vorstaatlichen Recht über die privaten Rechtssysteme von Subkulturen bis zu dem staatlichen und differenzierten Recht unserer Gesellschaften anwendbar sind.

Die Stärke eines rein verhaltensmäßig definierten Rechtsbegriffs à la Geiger, wenn er an dem, was als ‚sollen' beim normativen Verhalten gemeint und verstanden wird, absichtsvoll vorbeigeht, ist zugleich auch seine Schwäche. Erwartungen etwa und auch Enttäuschungen, der gemeinte Sinn von Handeln oder was als Botschaft von Institutionen verstanden wird, ja auch das Nichtverstehen und Nicht-Kommunizieren von Symbolen gemeinten Sinns läßt sich ohne eine *verstehende* Soziologie nicht analysieren. Die Beschränkung auf *beobachtbare* Daten kann selbst vom Verhalten nur einen Teil erfassen, wenn die Selbstverständnisse unseres Handelns und auch die Fremdverständnisse des Handelns, die wir wiederum wahrnehmen, nicht in den wissenschaftlichen Datenkranz eingehen. Gerade bei rechtlichem Verhalten führt das methodologisch begründete Ausblenden von gemeinter und verstandener Bedeutung dazu, daß der Sollenscharakter einzelner Normen ebenso verfehlt wird wie die Botschaft von kongruenten Erwartungskomplexen, die wir ‚Institutionen' nennen. Niklas Luhmann[4] definiert denn auch ‚Norm' als ‚kongruente Verhaltenserwartung, die auch im Fall der Enttäuschung aufrechterhalten wird'. Wörtlich genommen allerdings greift eine solche Definition zu weit: Viele Erwartungen, an denen Menschen auch bei Enttäuschung festhalten, lassen sich deshalb nicht normativ aufladen, weil andere Menschen den Anspruch auf Erfüllung der Erwartung nicht teilen. Zur ‚Norm' gehört nicht nur meine eigene, enttäuschungsfeste Erwartung, sondern auch die Zustimmung anderer, die mich legitimieren, an der Erwartung festzuhalten. Zur sozialen Erscheinung wird sie durch Anerkennungshandeln anderer, das zur Stabilisierung nach Möglichkeiten der Institutionalisierung suchen wird. Anerkannt und durch Instanzen gefestigt, die eine gewisse (eben: graduelle) Garan-

---

[3] Theodor Geiger: Vorstudien zu einer Soziologie des Rechts, Neuwied 1964 (zuerst 1947).
[4] Niklas Luhmann: Rechtssoziologie, Reinbeck 1972.

tie der Durchsetzung geben, können wir die ‚Norm' dann auch ‚Recht' nennen. An einen solchen interaktiv angelegten, an Verhalten ebenso wie an dessen Interpretation orientierten Norm- und Rechtsbegriff wollen wir uns im folgenden halten. Das Soziale an Norm und Recht, das Anerkennungshandeln und die Verfestigung in Instanzen bewirken, daß wir sie durch Daten externer Beobachtung näher bestimmen können.

Wenn dabei Selbstverständnisse und Fremdverständnisse von Einzelverhalten ebenso wie von Instanzen einbezogen werden (was in Anlehnung an George Herbert Mead[5] ‚symbolischer Interaktionismus' genannt werden kann), so bleibt dies dennoch eine strikt externe Betrachtungsweise unseres Rechts. Die Hermeneutik juristischer Argumentationen in den Lehrbüchern, Gesetzeskommentaren und Urteilsbegründungen auf einen kohärenten Nenner zu bringen, müssen wir den sogenannten ‚Rechtstheorien' überlassen. Diese argumentieren *intern* und versuchen angesichts des Pluralismus und die Inkohärenz streitender Rechtsargumente einen übergreifenden ‚Sinn' zu konstruieren. Die Vielzahl von Produzenten unseres Rechtsbetriebs und die Ausdifferenzierung von Spezialgebieten sorgt dafür, daß eine solche umfassende Theorie zu einem nie einzulösenden Versprechen wird. Hierin behält Immanuel Kant recht, daß die Gelehrten es, in dem Versuch darüber einen Konsens zu erreichen, nicht einmal zu entscheidbaren Kriterien bringen können.

1.2 Juristische und soziologische ‚Geltungs'fragen

Ein klassisches Beispiel, wie sich aus obigen verschiedenartigen Fragestellungen unterschiedliche Begriffsdefinitionen ergeben, bildet der Begriff von ‚Geltung' von Recht. Der Streit über einen ‚soziologischen' und einen ‚juristischen' Geltungsbegriff, der zu Beginn dieses Jahrhunderts einige Bücher füllte, wäre überflüssig, wenn die Autoren sich die unterschiedlichen Fragestellungen vor Augen geführt hätten, derentwegen sie ihre Begriffe bildeten. Was ‚geltendes Recht' ist, kann rechtstechnisch beantwortet werden in dem Sinne, daß in einer bestimmten Rechtsordnung festgestellt wird, wie die Rechtsnormen in konkreten Entscheidungsfällen ausgelegt werden sollen. Da das Rechtssystem differenziert und oft widersprüchlich ist, müssen bei Zweifelsfragen ‚herrschende Meinungen' festlegen, welche der möglichen Auslegungen verbindlich sein sollen. Daß ‚h. M.' ein Produkt ist eines Machtgefüges der juristischen Profession in ihrer Arbeitsteilung zwischen Gesetzesrecht, Richterrecht und Rechtsgelehrten mit Interpretationskartellen, Kommentarmonopolen und Marginalisierung von Ungewünschten als Außenseitern, versteht sich schon aus dem Begriff der ‚Herrschaft' von bestimmten ‚Meinungen' über andere. Wer sich an diesem Meinungsstreit beteiligen will, muß *intern* argumentieren. Wer aber *über* diesen Meinungsstreit etwas aussagen will, möglicherweise durch Analyse seiner Herrschaftsstrukturen, tut dies aus *externer* Sicht. Was Kant ‚empirisch' nannte, ist das durch Rechtsgelehrte und Richter Begründungen dokumentierte Ergebnis dieses

---

[5] George Herbert Mead: Geist, Identität und Gesellschaft, Frankfurt 1973 (engl. zuerst 1934).

1.2 Juristische und soziologische ‚Geltungs'fragen

internen Meinungsstreits. Es kann in der Aussage bestehen, was als juristische ‚Geltung' anerkannt wird. Wenn jedoch aus externer Sicht ein Soziologe oder Politologe das Zustandekommen dieser Anerkennung innerhalb der juristischen Profession analysiert, dann mischt er sich zunächst keineswegs in die normative Diskussion, ob eine juristische Geltung vorliegen solle oder nicht. Es kann lediglich geschehen, daß durch das Aufdecken der Herrschaftsstruktur in dieser Diskussion, durch die Beschreibung der Machenschaften von Verlagen oder juristischen Fachzeitschriften, um bestimmte Meinungen als ‚abweichend' zu marginalisieren, ein Legitimationsverlust dieser ‚herrschenden Meinungen' unter den beteiligten Professionellen erzeugt wird. Obwohl also logisch die normative Fragestellung, nach dem, was juristisch ‚gelten' solle, von der faktischen Fragestellung, was unter Juristen ‚gilt', zu trennen ist, können Wechselwirkungen zwischen den Analysen beider Fragestellungen durchaus zu beobachten sein.

Viele Sozialwissenschaftler beabsichtigen mit ihrer Analyse eine solche polemische Wirkung auf die Diskussion in der juristischen Profession. So hat Theodor Geiger seinen Begriff der ‚Geltung' von sozialen Normen in bewußter Polemik rein verhaltensmäßig definiert. Er fragt nicht, was in den Köpfen von Handelnden oder auch von Juristen als Normanspruch erwartet wird, sondern wie weit sich Handelnde an Normvorschriften halten. Bei dieser Festlegung auf eine reine Beobachtungsmethode verläßt er sich nicht darauf, was Handelnde als ‚Verbalnormen' behaupten, sondern er definiert die Geltung an dem Kriterium, ob auf eine *Abweichung* von einer normativen Erwartung eine *Sanktion* erfolgt.[6] An einfachen Beispielen (etwa von Verkehrsvorschriften) kann man leicht demonstrieren, daß bei vielen Alltagsnormen die Übertretung die Regel ist, daß Kontrollen äußerst selektiv erfolgen, und auch nicht immer zu einer Sanktion führen, daß mithin sowohl der Geltungsanspruch der primären Norm als auch derjenige der Sanktionsnorm nur als Wahrscheinlichkeit auszudrücken ist. Die faktische Einhaltung kann also nur graduell ausgedrückt werden als das ‚mehr oder weniger Einhalten' einer Norm und als Wahrscheinlichkeit der Sanktionierung im Falle einer Abweichung.

Es ist deutlich, daß eine solche Analyse am leichtesten bei einfachen Normen vorzunehmen ist, die zu beobachten sind und deren juristische Geltung zweifelsfrei feststeht. Auch hier wieder können wir eine mögliche Rückwirkung des Aufweises von verbreiteter Nichtgeltung (im soziologischen Sinne) auf eine Delegitimierung des (juristischen) Geltungsanspruchs konstatieren: Wenn eine Verbotsnorm mit großer Regelmäßigkeit übertreten wird und wenn in der Regel keinerlei Kontrollinstanz die Abweichung sanktioniert, dann kann eine gelegentliche Kontrolle und Strafe von den Betroffenen nur schwerlich als ‚gerecht' akzeptiert werden. Normen müssen einen Erwartungswert realistisch aufrechterhalten. Wenn ihre Einhaltung nicht mehr auf internalisierten Einstellungen beruht, sondern sich alleine auf die Kontrolle der Einhaltung verlassen muß, stellt sich schnell ein zynisch mit Entdeckungswahrscheinlichkeit und Strafmaß kalkulierendes Verhalten ein. Die Folge kann eine Inflationierung abweichenden Verhaltens sein, die zwar nicht zwingend dazu führt, daß juristisch ein ‚Ableben der Geltung' in Anspruch genommen werden

---
[6] Gerd Spittler: Norm und Sanktion, Olten 1968.

kann. Aber wahrscheinlich ist es schon, daß jemand fragt, wie angesichts solchen Lotteriecharakters der Normkontrolle noch der Geltungsanspruch legitimiert werden könne.

Der Versuch, normative Geltung völlig loszulösen von faktischer Einhaltung, wird dann schnell weltfremd. Juristische Begründungen können aus der Rechtswirklichkeit keine normativen Schlüsse ableiten, aber sie werden sie implizit bedenken müssen, wenn sie glaubhaft bleiben wollen. Dies gilt auch für die Idee, daß die Legitimationslast modernen Rechts vornehmlich von seiner Verfahrensmäßigkeit getragen werde[7]. Zunächst basieren solche Vorstellungen allein auf dem Dilemma, daß dort, wo kein Konsens für die Formulierung materieller Rechtsnormen zu finden ist, zur Legitimation auf prozedurale Normen ausgewichen wird. Wie solche Verfahren eigentlich aussehen, was ihnen vorausgeht und wie sie enden, interessiert Rechtstheoretiker weniger; ihr Erkenntnisinteresse ist normativ darauf gerichtet, welche Kriterien Verfahren erfüllen müssen, um ihnen Begründbarkeit zuzusprechen. Man sieht: Auch hier geht es um eine *interne* Argumentation *im* Recht. Für die externe Beobachtung sind Verfahren aus einem anderen Grund ein idealer Ausgangspunkt: Wer jemals versucht hat, die Normen und Rechtsregeln einer fremden Kultur kennen zu lernen, weiß, daß diese sich nur an Konflikt und Abweichung identifizieren lassen[8]. Konformität ist ohne Kenntnis von Abweichungen nicht zu beobachten, schon gar nicht ist sie auf Motivationen der Regelhaftigkeit zurückzuführen. Um Normen zu identifizieren, brauchen wir die Beobachtung von Abweichungen und den darauf folgenden Sanktionen; um sie inhaltlich festzusetzen, braucht jede Gesellschaft Streit, und damit Verfahren zu seiner Beendigung. Verfahren sind damit nicht nur für den externen Beobachter, sondern für die Vergesellschaftung selbst das Mittel um Normen zu formulieren. In besonderer Weise gilt dies für die Normen unseres eigenen Rechts: Wir können sie von ‚sozialen Normen‘ definitorisch absetzen, wenn wir als ‚Recht‘ diejenigen Verhaltensregeln bezeichnen, die durch Verfahren inhaltlich bestimmt werden.

Dabei interessiert uns hier nicht die deklaratorische Bestimmung, wie sie im Gesetzgebungsverfahren und von den vielen Normsetzern in Richtlinien und Ausführungsregeln festgelegt werden. Wir sehen uns in erster Linie den Streit an, der um Abweichungen von Rechtsregeln entsteht, mit anderen Worten: Die Verfahren vor Gericht. Sie sind eine kleine Auswahl unter allem Streit, der um die Anwendung von Recht entstehen kann. Damit jedoch, daß sie Instanzen anrufen, ‚mobilisieren‘ sie Verfahren, in denen Recht formuliert wird. Einige empirische Daten hierzu sollen in dieser kleinen Einführung zur Mobilisierung von Recht präsentiert werden. Zunächst wird der Verfahrenstrichter des Strafverfahrens behandelt, dessen Selektivität dank der kriminologischen Forschungstradition ausreichend untersucht ist. Dann wenden wir uns den Selektivitäten des zivilrechtlichen Verfahrens zu, dessen Untersuchung

---

[7] Zur umfangreichen Diskussion unter Rechtstheoretikern siehe zusammenfassend und kritisch Klaus Eder: Die Autorität des Rechts. Eine soziale Kritik prozeduraler Rationalität. In: Zeitschrift für Rechtssoziologie 8 (1987) 193–230.

[8] E. Adamson Hoebel: Das Recht der Naturvölker, Olten 1968 (engl. zuerst 1954) gibt ein klassisches Vorbild, wie mit der ‚trouble case‘ Methode auch die materielle Ordnung von Werten und Normen der Gesellschaft analysiert werden kann.

1.2 Juristische und soziologische ‚Geltungs'fragen

mit Wahrnehmungsvoraussetzungen der Mobilisierung von Recht beginnen muß. Die Theorie der Mobilisierung von Recht hat einiges zu den Strategien von diversen Parteien auszusagen, die Verfahren anstrengen oder aber vermeiden. Im weiteren folgen wir den Strategien der Beteiligten im Verfahren und bei der Implementation von gerichtlichen Entscheidungen. Den obersten Gerichten und der Verfassungsgerichtsbarkeit wird dabei besondere Beachtung geschenkt. Die Besonderheiten der deutschen Rechtspraxis werden dabei durch einige Indikatorenvergleiche mit anderen Rechtskulturen verdeutlicht.

Unter den vielen Erscheinungsformen von Recht, die die empirische Soziologie behandeln kann, greifen wir diejenigen heraus, bei denen enttäuschte Erwartungen artikuliert, Instanzen angerufen, Verfahren durchgeführt und ihre Entscheidung ausgeführt werden können. Wir werden sehen, daß dies tatsächlich seltener geschieht als ‚rein rechtlich', das heißt vom Rechtsanspruch gesehen möglich wäre. Soziologisch zentral wird daher die Frage, wie die Selektion zustande kommt, die Menschen (und ihre Organisationen) in der sozialen Wirklichkeit unter den rechtlichen Möglichkeiten vornehmen. Es sind einige beschreibende Umwege nötig, bevor am Schluß die Frage der ‚Legitimation durch Verfahren' aufgenommen wird.

2. Der Strafrechtstrichter

Die Strafrechtslehre in Deutschland betont das ‚Legalitätsprinzip', nach dem die Strafverfolgungsbehörden „bei Verdacht einer strafbaren Handlung von Amts wegen einzuschreiten haben". Die Staatsanwaltschaft wacht hierüber und erhält im Gegenzug das Monopol der Anklage. Sie wiederum bedient sich der Polizei, die nach dem Legalitätsprinzip gehalten ist, „wegen *aller* strafbaren und verfolgbaren Handlungen einzuschreiten, sofern zureichende tatsächliche Anhaltspunkte vorliegen". Natürlich lassen sich solche Prinzipien nur selektiv in die Praxis umsetzen. Die Polizei kann nicht überall zugleich sein; sie richtet ihre Verdachtsstrategien pragmatisch daran aus, wo sie am ehesten Erfolg erwarten kann, und sie setzt Prioritäten, zu denen die öffentliche Meinung sie drängt. Die Staatsanwaltschaft, die im wesentlichen von den Informationen von Anzeigeerstattern und Polizei abhängig ist, richtet sich an den Erfolgschancen der Auferlegung einer Sanktion oder Anklage aus; sie ‚erledigt' ihre Sachen zu mehr als der Hälfte durch Einstellung, sanktioniert weitmöglichst standardisiert und bürokratisch, und stellt sich nur bei schwereren Delikten durch Anklage und Hauptverhandlung vor Gericht öffentlich dar. Um die Realität des Strafverfahrens realistisch einzuschätzen, empfiehlt sich eine gute Beschreibung dieses Prozesses der Selektion von Verfahren.

Sie zeigt, daß von je hundert ‚gewöhnlichen' Straftaten, die von der Polizei registriert werden, kaum zehn vor Gericht verurteilt werden. Mehr als der Hälfte der polizeilich registrierten Kriminalität bleibt unaufgeklärt, bei weiteren 10 % kann kein Tatverdächtiger ausfindig gemacht werden. Selbst von den dann übrig bleibenden Delinquenten, deren Tat als aufgeklärt und beweisfähig gelten, kommt wiederum nur jeder Dritte vor einen Richter. Die übrigen sanktioniert die Staatsanwaltschaft in eigener Regie: Entweder durch Einstellung des Verfahrens unter Auflagen (etwa gegen Zahlung eines Geldbetrags an eine karitative Einrichtung) oder auch durch Strafbefehl, den allerdings ein Richter gegenzeichnen muß. Von den zehn Prozent aller Straftäter, die in einer Verhandlung vor Gericht erscheinen müssen, erhalten drei Viertel eine Geldstrafe, ein Viertel eine Freiheitsstrafe, wovon etwas mehr als die Hälfte zur Bewährung ausgesetzt werden.

Nicht berücksichtigt sind dabei natürlich die Straftaten, die im Dunkelfeld bleiben, weil die Polizei keine Kenntnis von ihnen erhält, niemand sie angezeigt hat, oder selbst das Opfer sie nicht entdeckte. Wer mitgerechnet hat, kommt auf einen Strafgefangenen als Reaktion auf ursprünglich 100 registrierte Straftaten. Ein Bild des Strafrechts, das im 19. Jahrhundert an die Drohung mit Freiheitsstrafen gekop-

2. Der Strafrechtstrichter

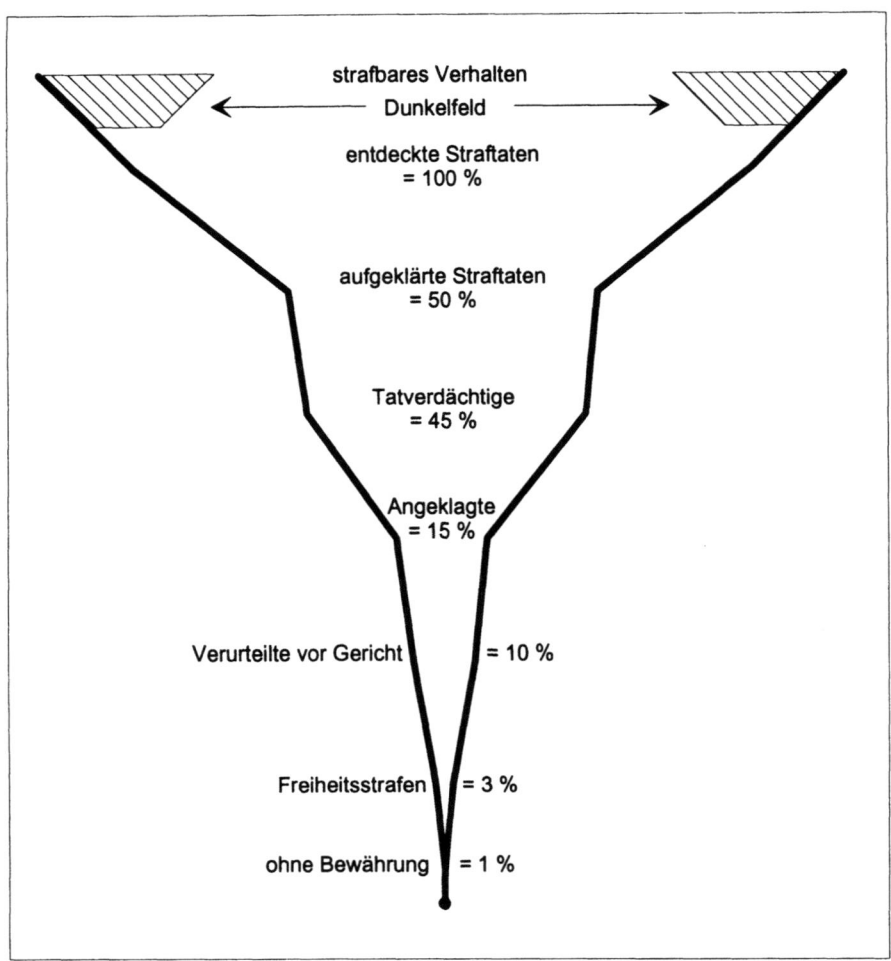

Abb. 2.1. Trichter des Strafverfahrens

pelt war, trifft nur noch auf eine marginale Gruppe zu. Das Gefängnis als Symbol für Schuld und Abschreckung verdeckt den ansonsten standardisierten und automatisierten Charakter der bürokratischen Justiz. Einmal am dünnen Ende des Filters massenhafter Verfahren angelangt, hilft Strafe kaum mehr zur Vorbeugung. Etwa 44 % der zu Gefängnis Verurteilten allerdings büßen zumindest ihre zweite Gefängnisstrafe ab.[1] Nichts weist darauf hin, daß sie durch härtere Strafen weniger rückfällig werden im Gegenteil: nach ‚alternativen' Strafen ist Rückfälligkeit seltener.[2] Das hat natürlich auch einen Grund darin, daß Richter beim Verhängen von alternativen Strafen die Rückfallprognose mitwägen; aber sicher ist auch, daß die Gefängnisstrafen am engen unteren Ende des Strafrechtstrichters eine eher stigmatisierende, damit befestigende Wirkung ausüben.

Manche Kriminologen haben den Rückgang des Anteils an Gefängnisstrafen seit dem 19. Jahrhundert als ‚Humanisierung des Strafrechts' interpretiert. Wer jedoch auf die absoluten Zahlen derjenigen abstellt, die zu einem gegebenen Zeitpunkt im Gefängnis sitzen, mag einen anderen Schluß ziehen: Langfristig blieb die Gefängnisbevölkerung in Deutschland mit 120 je 100 000 der Bevölkerung erstaunlich gleich konstant, erst in der Bundesrepublik hat sie zu Ende der 1960er Jahre durch eine Erschwerung des Verhängens kurzfristiger Freiheitsstrafen (die großenteils Verkehrstäter, also eine sozial weit gestreute Bevölkerung betrafen) abgenommen. Gleichzeitig aber stieg die Strafdauer und damit saßen am Ende der 1970er Jahre immer noch 70 Menschen je 100 000 der Bevölkerung im Gefängnis. Seitdem macht sich vor allem bei jugendlichen und heranwachsenden Tätern die Tendenz zu alternativen Strafformen quantitativ bemerkbar.

Zugenommen hat dagegen der Umfang der Strafsanktionen insgesamt; hierauf hat die Justiz mit Routinisierung und leicht zu verwaltenden Geldstrafen reagiert. Eine andere Interpretation der Zeitreihen verweist darum auf das Wachstum des Strafrechtsapparats insgesamt: Vor allem im Vorfeld der Gerichte wächst die Sanktionsdichte von Verfahrenseinstellungen gegen Auflagen, Bußen und Geldstrafen, die dank der Automatisierung immer massaler und kostengünstiger eingezogen werden können. Man sieht dies an der Zeitreihe der Sanktionsformen: Während sich der vorgerichtliche Trichter zur Strafjustiz enorm verbreitete, blieb der Geschäftsanfall der Verhandlungen vor Gericht vollständig konstant, und fast ebenso wie der kleine Kern der tatsächlich mit längeren Freiheitsstrafen sanktionierten Kriminalität.

Es gibt also gute Gründe, die Auslese, die der Filter der Strafzumessung vollzieht, auf seine soziale Selektivität zu analysieren. Während der breite Strom der polizeilich Auffälligen zwar mehr Männer, vor allem jungen Alters zu finden sind, aber diese doch auf alle Schichten und verschiedene ethnische Herkunft verteilt sind, setzen sich die Angeklagten, die vor Gericht stehen, und erst recht die Bevölkerung der Gefängnisse fast völlig aus Ungelernten, Ausländern und ‚aussortierten' Menschen zusammen. Natürlich wirft dies Fragen auf nach den Auslesemechanismen im Filter: Kann es sein, daß schwere Straftaten wirklich fast nur von Männern am unteren

---

[1] Alle Daten und Trichter aus Günther Kaiser: Kriminologie, 8. Aufl., Heidelberg 1989.
[2] Vgl. Wolfgang Heinz & Renate Storz: Diversion im Jugendstrafverfahren der Bundesrepublik Deutschland, Bonn (BMJ) 1992.

12   2. Der Strafrechtstrichter

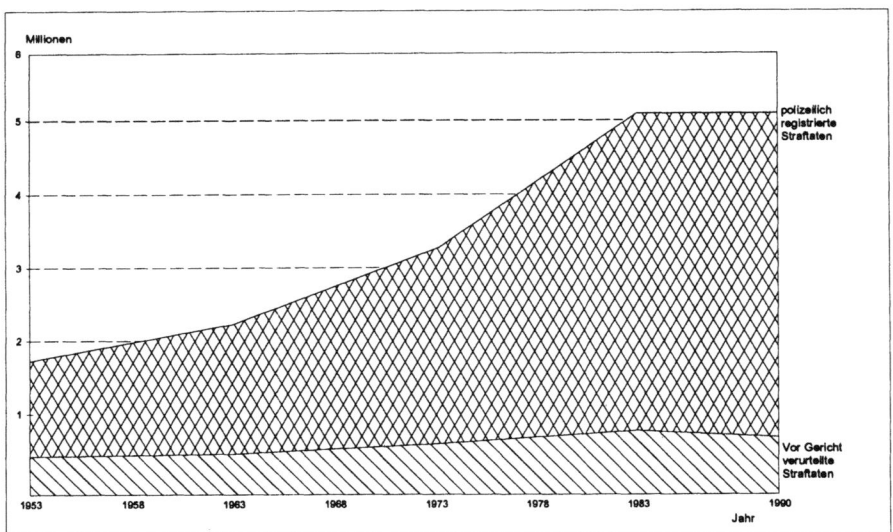

Abb. 2.2. Polizeiliche Kriminalitätsstatistik im Vergleich zur Justizstatistik

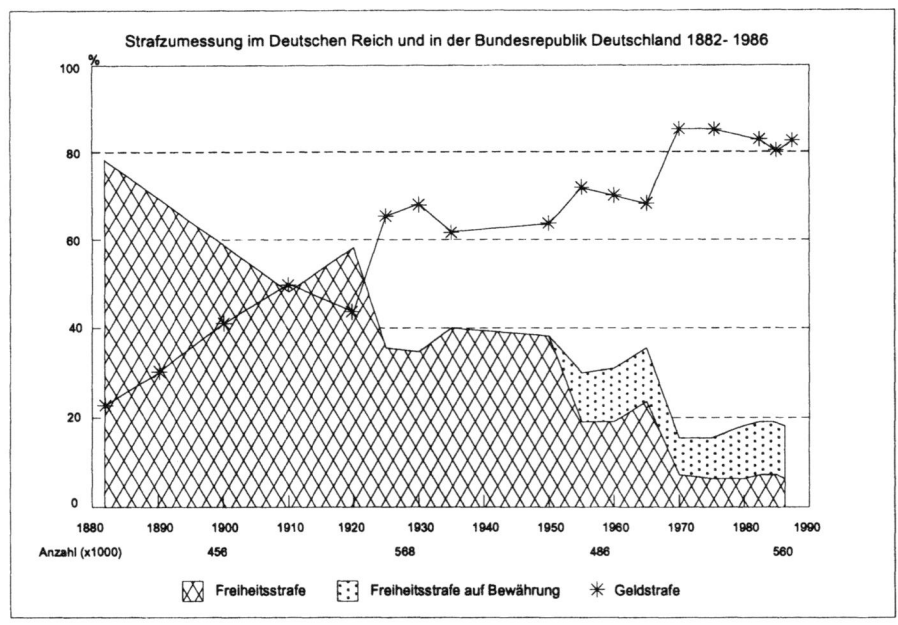

Abb. 2.3. Strafzumessung im Deutschen Reich und in der Bundesrepublik Deutschland 1882–1986

Rand der Gesellschaft begangen werden und nicht auch von Frauen und Menschen aus Mittel- und Oberschichten?

Eine Reihe von kriminologischen Theorien erklären Zusammenhänge zwischen Geschlecht, Arbeitslosigkeit oder Marginalität mit strafbarem Verhalten. Diese Erklärungen jedoch richten sich nur auf die eine Seite: Das abweichende Verhalten, das zur Strafbarkeit führt. Sie erklären aber nicht, wieso unter den vielen, zum Teil nicht bestraften Formen abweichenden Verhaltens gerade diese ‚*kriminalisiert*‘ werden. Neben diesen ätiologischen Theorien abweichenden Verhaltens muß die Kriminologie stets auch die ‚*Definition*‘ dieses Verhaltens als ‚kriminell‘ behandeln. Dies beginnt damit, daß schon die Strafgesetze hauptsächlich das Verhalten marginaler Menschen kriminalisieren. Im weiteren können aber auch die an der Aufdeckung, Aufklärung und Sanktionierung von Straftaten Beteiligten selektiv vorgehen. Dies muß nicht als bewußte Klassenjustiz oder ethnische Justiz geschehen: Teilweise liegt es an den besonderen Entdeckungs- und Aufklärungsschwierigkeiten von den eleganten Delikten der mittleren Schichten, daß für sie das Dunkelfeld größer ist. Diesen Mechanismen selektiver Strafverfolgung auf dem Weg durch die Instanzen geht die ‚Etikettierungstheorie‘[3] der Kriminologie nach.

2.1 Definition der Kriminalität durch das Opfer

Um die Vorgänge, die zur Kriminalisierung führen, zu untersuchen, muß man zunächst die Bedingungen diskutieren, unter denen ein Verhalten in die Mühle der Strafverfolgungsbehörden kommt. Quantitativ der bedeutendste Einfluß geht hier von privaten Anzeigen aus: Weniger als ein Fünftel aller registrierten Straftaten wird durch die eigene Ermittlungstätigkeit der Polizei entdeckt. Umfang und Zusammensetzung der Kriminalität hängen also weitgehend vom Anzeigeverhalten der Bevölkerung, insbesondere der Opfer strafbarer Handlungen, ab. Aus Bevölkerungsumfragen[4] wissen wir, daß die durch Opfer tatsächlich erstatteten Anzeigen nur einen kleinen Teil möglicher Anzeigen ausmachen. Derartige Opferbefragungen leiden jedoch unter der Beschränkung auf natürliche Personen und klammern juristische Personen, Betriebe, Behörden etc. als Opfer strafbarer Handlungen aus. Sie müssen daher durch Opferbefragungen außerhalb des privaten Bereichs ergänzt werden. Die Opfersituationen von Betrieben stellen sich dabei nur bei bestimmten Formen von Diebstahl (Autodiebstahl oder Einbruch) als vergleichbar heraus; andere Formen dagegen sind eine Folge der Gelegenheiten, die sich etwa beim Einzelhandel oder am Arbeitsplatz bieten. Es liegt auf der Hand, daß hier zunächst die Neigung besteht, intern zu sanktionieren; wird dieses aufgebrochen, kann ein großes, wenn auch immer noch selektiv benutztes Anzeigenpotential ans Licht der Instanzen kommen.

---

[3] Unter der Bezeichnung ‚Labelling‘-Theorie lange das Etikett der ‚jungen Kriminologen‘, vgl. Kriminologisches Journal seit 1969.

[4] Besonders interessant mag ein Vergleich von ost- und westdeutschen Opferangaben sein, vgl. H. Kury et al.: Opfererfahrungen in Ost und West, Wiesbaden (BKA) 1993; international vergleichend Jan van Dijk et al.: Experiences of Crime Across the World, Deventer 1990.

Soziale Unterschiede zeigen sich auch im privaten Bereich. Es fällt auf, daß Befragte aus mittleren und oberen Schichten weit häufiger angeben, „in der letzten Zeit Opfer eines Verbrechens oder Vergehens" gewesen zu sein als Befragte aus unteren Schichten oder gar Ausländer. Hier mischen sich objektive Faktoren der größeren Gelegenheiten vor allem für Eigentumskriminalität, die sich bei höheren Schichten bieten, mit subjektiven Faktoren der Wahrnehmung und Handlungsbereitschaft. Befragungen spiegeln neben dem objektiven Opferrisiko auch Perzeptionsunterschiede wieder. Körperverletzungen etwa, die bei Männern aus unteren Schichten weitaus häufiger sind als bei anderen Befragten, sehen diese seltener als ‚kriminell relevant' an. Schon ehe sie es zu einer Anzeige bei der Polizei kommen lassen, muß dem Opfer schon viel passiert sein. Eher sind es Dritte oder die Polizei, die zu Hilfe eilen, die eine Einstufung als ‚kriminell' vornehmen, und die mit einer Anzeige einen von den Beteiligten nicht unmittelbar zu bremsenden Vorgang in Gang setzen. Deren Bereitschaft, Rechtsinstanzen anzurufen, hängt vom Charakter der sozialen Beziehung zum mutmaßlichen Täter und vom Interesse an der Aufrechterhaltung dieser Beziehung ab. Wo sich Taten im sozialen Nahraum abspielen, kann man damit rechnen, daß sie von den Beteiligten nicht als ‚Kriminalität' definiert werden.

Der Selektionsprozeß geht weiter: Auch in den Fällen, wo Straftat bzw. Opfersituation erkannt werden, kommt es nur ausnahmsweise zur Anzeige: Unter allen in Betrieben registrierten Straftaten werden höchstens 20 % bei Polizei oder Staatsanwaltschaft angezeigt.[5] Firmen werden vor einer Anzeige ihr Interesse an der Aufrechterhaltung sozialer Beziehungen prüfen, etwa ihr Interesse an guten Arbeitskräften, Kunden oder Geschäftspartnern. Bei Delikten leitender Angestellter wird der Ruf des Unternehmens in die Überlegungen einbezogen werden. Darüber hinaus hängt die Wahrscheinlichkeit einer Anzeige von der Höhe des Schadens ab (wie zu erwarten: Je höher der Schaden, desto häufiger erfolgt eine Anzeige), zum anderen von der Versicherungsmöglichkeit eines Schadens. So werden viele Anzeigen wegen Diebstahls vor allem deshalb gestellt, weil Versicherungen ihre Leistungen von einer polizeilichen Anzeige abhängig machen. All diese Ergebnisse und Überlegungen gelten jedoch nur für das rational handelnde Opfer, daneben gibt es ‚ritualistische' und ‚verzweifelte' Anzeigemotive bei Opfern, die ganz andere Selektivitäten aufweisen. Generell gilt, daß die größte Wahrscheinlichkeit, Opfer einer Straftat zu werden, bei unteren Schichten, Ausländern und im allgemeinen bei alleinstehenden Männern besteht, diese aber gerade am wenigsten zu einer Anzeige neigen. Die Gruppe, die in Umfragen am meisten Furcht vor Kriminalität äußern, die auch am ehesten die Polizei zu Hilfe rufen: die Mittelschichten, die Älteren und Frauen, laufen die geringste Gefahr, Opfer einer Straftat zu werden.

---

[5] Vgl. Günther Kaiser & Gerhard Metzger-Pregizer (Hrsg.): Betriebsjustiz – Untersuchungen zur Kontrolle abweichenden Verhaltens in Industriebetrieben, Berlin 1976.

2.2 Definition der Kriminalität durch die Polizei

Auch die Anzeige bei der Polizei ist keine einseitige Handlung, sondern ein Interaktionsprozeß. Teilnehmende Beobachtung auf Polizeirevieren[6] hat ergeben, daß etwa ein Viertel aller Anzeigeversuche zunächst erfolglos bleibt. Es kommt dabei wesentlich auf das behauptete Delikt an: Kommt ein Anzeiger wegen Diebstahl, Betrug oder Unterschlagung, so kann er mit großer Sicherheit damit rechnen, daß die Anzeige von der Polizei aufgenommen wird. Ist er jedoch Opfer einer (vorsätzlichen) Körperverletzung oder einer Beleidigung, so beginnt in vielen Fällen ein Prozeß des Aushandelns von Definitionen: Bei Beleidigung oder leichter Körperverletzung erlaubt die Strafprozeßordnung den Behörden (streng genommen nur der Staatsanwaltschaft, nicht der Polizei), das öffentliche Interesse zu verneinen und den Anzeiger auf den Privatklageweg zu verweisen. Aber auch unabhängig von dieser gesetzlichen Möglichkeit hat die Polizei gerade in den hier vorliegenden Situationen des Konflikts reiche Möglichkeiten informeller Bagatellisierung oder Privatisierung einer Anzeige. Betrachtet man die Häufigkeit, mit der bei der Polizei aus der Kenntnisnahme tatsächlich eine Anzeigenaufnahme wird, dann ist dies bei Anzeigen aus der Mittelschicht häufiger als bei solchen aus der Unterschicht. Dabei spielt die verbale Geschicklichkeit des Anzeigeerstatters eine gewisse Rolle. In erster Linie jedoch kommen unterschiedliche Quoten der Anzeigenneigung dadurch zustande, daß die Anzeigen von Mittelschichtsangehörigen in erster Linie Eigentums- und Vermögensdelikte betreffen, während der Versuch, die Polizei in Auseinandersetzungen hineinzuziehen, fast nur von Angehörigen der Unterschicht unternommen wird. Ausländer dagegen halten bei Konflikten innerhalb ihrer Gemeinschaft die Polizei lieber fern, und auch bei Auseinandersetzungen mit Deutschen hängt ihr Notruf von erleichternden Umständen und Hilfeleistung ab. Es hängt also von den sozialen Begleitumständen ab und variiert mit deliktspezifischen Unterschieden, wo die Abwehr privater Strafanzeigen durch die Polizei sich selektiv auswirkt.

Neben der (selektiven) Aufnahme privater Strafanzeigen ist die Polizei jedoch auch in eigener Wahrnehmung mit der Definition von Verhalten als ‚kriminell' beschäftigt. Teilnehmende Beobachtung der polizeilichen Streifentätigkeit zeigt die soziale Selektivität polizeilicher Wahrnehmung in der Situation des Verdachts[7]: Beim Verfolgen eines Verdachts muß der Streifenpolizist von bestimmten Merkmalen ausgehen, bei denen die Wahrscheinlichkeit zu einem späteren Erfolg groß ist. Die Erscheinungsformen im Beobachtungsfeld des Polizisten werden also dichotomisiert als ‚normal' auf der einen Seite, als ‚verdächtig' auf der anderen Seite. Die Strategie des Verdachts führt zur Stereotypisierung: Warum sollte ein Polizist auf Streife sich um Leute kümmern, die einen festen Wohnsitz haben, einem regulären Beruf nachgehen, deren Äußeres durchschnittlich und ordentlich ist, und die sich zu legitimen Zwecken an legitimen Orten aufhalten? Verdächtige sind doch eher in der marginalen Schicht der Bevölkerung zu suchen: Unter denjenigen, die keinen geregelten Lebenswandel führen, nur gelegentlich arbeiten, keinen festen Wohnsitz haben

---
[6] J. Kürzinger: Private Strafanzeige und polizeiliche Reaktion, Berlin 1974.
[7] Johannes Feest & Erhard Blankenburg: Die Definitonsmacht der Polizei, Düsseldorf 1972.

oder (was für die Polizei auf das gleich hinausläuft) in einer ‚üblen Gegend' wohnen. Die Arbeitsregeln für den Verdacht erfolgt auf Grund von offensichtlichen Merkmalen, die auch ansonsten zur Marginalisierung verwendet werden. Sie verfestigen sich dann zu organisatorischen Strategien: So führt etwa das regelmäßige Abfahren von Straßen mit Bars oder Prostituierten oder aber die Kontrolle von Obdachlosenvierteln und bestimmten Gasthäusern, bei denen es öfter zu Konflikten mit Schlägereien kommt, zu einer Konzentration der polizeilichen Sozialkontrolle auf soziale Randgruppen und auf öffentlich sichtbares abweichendes Verhalten. Sehr viel schwerer sind dagegen Verdachtsstrategien bei Delikten, die am Schreibtisch oder auf dem Papier begangen werden können: Bei Betrug, Unterschlagung oder Untreue ist die Polizei weitgehend auf Anzeigen und Beweise von seiten der Geschädigten angewiesen. Dies gilt auch für bürokratische Ermittlungsmethoden, etwa wenn Sozialhilfeempfänger oder Versicherungsbetrüger mit Hilfe von Computerinformationen aufgespürt werden. Ohne konkreten Verdacht darf keine Polizei oder Staatsanwaltschaft in elektronischen Beständen fischen; die Behörde selbst aber kann ihre eigenen Kunden mit allen erdenklichen Suchstrategien überprüfen. Hier allerdings gilt ähnlich wie für die Daten der Polizei: Die meisten Verdachtsstrategien sind zirkulär und führen wie das modus-operandi-System auf die traditionell als ‚kriminell' geltenden Bevölkerungsgruppen. Auch im weiteren hängt die Macht der Polizei vom sozialen Status des Betroffenen ab. Bei Festnahmen, Durchsuchungen und Vernehmungen kann sich die Polizei immer dann leichter über Rechtsgarantien der Verdächtigten hinwegsetzen, wenn sie es mit unwissenden oder sozial machtlosen Personen zu tun hat.

2.3 Definition der Kriminalität durch die Anklagebehörde

Je weiter wir den Prozeß der Definition von Kriminalität durch die Instanzen verfolgen, desto mehr stoßen wir auf schriftliche, aktenmäßige Vordefinitionen und verfahrensmäßige Vorgehensweisen. Der Staatsanwalt erhält den überwiegenden Teil seiner Informationen aus der Polizeiakte. Er sieht bei den meisten Verfahren die Akte erst, wenn die Polizei die Ermittlungen für abgeschlossen erklärt. Fast alle Information wird schriftlich übermittelt, im weiteren gilt dann für den Staatsanwalt das formale Entscheidungsprogramm des materiellen und prozessualen Strafrechts als Richtmaß: Bei der Menge der kleineren und mittleren Delikte heißt dies, daß polizeiliche Ermittlungsergebnisse schlicht übernommen werden. Daß Staatsanwälte je aktiv an Ermittlungen teilnehmen, bleibt seltener Ausnahmefall (etwa wenn bei Umwelt- oder Wirtschaftsdelikten ganze Organisationen umgekrempelt werden müssen). Die Bearbeitung durch die Staatsanwaltschaft ist anklageorientiert: Ihre Sorge ist in erster Linie, das Ermittlungsergebnis so darstellen zu können, daß es den gerichtlichen Anforderungen an die Beweisführung standhält.

Dabei kommen Elemente des Aushandelns ins Spiel: Etwa bei den Vergehen, bei denen der Staatsanwalt die Wahl zwischen der schriftlichen Sanktionsform des Strafbefehls oder einem Antrag auf Eröffnung einer mündlichen Hauptverhandlung hat. Der Strafbefehl ist für viele Angeklagte sehr viel weniger diskriminierend, da er

2.3 Definition der Kriminalität durch die Anklagebehörde

nicht mit der degradierenden Zeremonie einer öffentlichen Verhandlung verbunden ist. Ein weiteres Moment des Aushandelns ist bei Delikten gegeben, bei denen die Staatsanwaltschaft die Schuld des Angeklagten als gering erachtet und das öffentliche Interesse an der Strafverfolgung daher verneint.

Unterschiede in der Behandlung von Beschuldigten aus verschiedenen Schichten sind nicht willkürlich. Sie lassen sich häufig auf die Verdachts- und Beweissituation der Delikte und ihrer Begehung zurückführen. In der Regel setzen sie sich konsistent über verschiedene Instanzen fort. Von allen Verfahren, die von der Polizei als ‚aufgeklärt' an die Staatsanwaltschaft weiter geleitet werden, wird nochmals ein Drittel eingestellt. Meist geschieht dies, weil die Beweise nicht als vor Gericht ausreichend angesehen werden. Bei etwa 5 % verzichtet die Staatsanwaltschaft, weil sie die Tat schlicht für zu geringfügig erachtet. Aus der Logik der einzelnen Instanzen ist das plausibel: Wenn man die Polizei, Staatsanwaltschaft und Gericht als ein zusammenhängendes System betrachtet, dann belichten alle drei nur einen kleinen Ausschnitt aus dem Dunkelfeld potentiell kriminalisierbaren Verhaltens. Die Polizei tendiert dabei zur Überproduktion aus der die Staatsanwaltschaft dann wieder selektiert, was sie summarisch selbst erledigen oder aber mit Aussicht auf Prozeßerfolg vor Gericht anklagen kann.

Neben dieser Struktur der Instanzenkette sind die Gesetzmäßigkeiten der Verdachts- und Beweissituationen einzelner Delikte heranzuziehen. Man kann dies die ‚Kontingenz' der Delikte nennen. Sie macht evident, daß Betrug und Unterschlagung ein viel ‚dunkleres Dunkelfeld' haben als die meisten Formen von Diebstahl. Ein Einbruchdiebstahl etwa wird entdeckt, auch wenn vom Täter keine Spur mehr zu finden ist; ein gelungener Geld – und Kreditbetrug dagegen zeichnet sich dadurch aus, daß er dem Opfer verborgen bleibt. Hat man andererseits beim Betrug das Delikt entdeckt, so verbindet sich damit auch gleich ein Verdacht gegen bestimmte Personen als Täter. So ist beim Einbruchdiebstahl der Anteil der Unbekanntsachen 43 %, bei Betrug nur 9 %. Umgekehrt liegen die Verhältnisse dann bei der Anklage: Unter den tatverdächtigen Einbrechern werden von der Staatsanwaltschaft zwei Drittel zur Anklage gebracht, von den Geld- und Kreditbetrügern weniger als die Hälfte. Man kann aus dem Verhältnis der verschiedenen Dunkelfelder im Strafrechtsfilter eine Typologie der Verdachts- und Sanktionierungschancen von Delikten formen.

Unter den Eigentumsdelikten allein können wir zumindest drei Typen deliktspezifischer Dunkelfelder unterscheiden:

- *anzeigeabhängige Delikte*, bei denen die Entdeckung durch das Opfer leicht, die Aufklärung und das Finden von Tätern aber schwierig (und damit unwahrscheinlich) ist (Beispiel: Autodiebstahl, Einbruch);
- *entdeckungsabhängige Delikte*, bei denen selbst für das Opfer die Tat shwer zu entdecken ist, mit der Tat aber in der Regel auch ein Täter identifiziert wird (Beispiel: Betrug, Ladendiebstahl);
- *kontrollabhängige Delikte*, bei denen schwerlich individuelle Opfer anzuweisen sind, daher schon die Identifizierung des Delikts von den Überwachungsstrategien verschiedener Polizeien abhängt (im Eigentumsbereich beispielsweise Vandalismus an öffentlichem Eigentum, Schwarzfahren, Umweltdelikte; im übrigen aber

auch außerhalb der Eigentumsverletzungen Delikte ohne Opfer wie Sittendelikte, Rauschgiftkonsum und ähnliche).

Wer denkt, daß zumindest Eigentumsdelikte eine einfache Ermittlungssituation aufweisen, sollte sich die unterschiedlichen Filter von verschiedenen Diebstahlsformen auf der einen, von Betrugs- und Unterschlagungsdelikten auf der anderen Seite vor Augen halten. Schon die Bedingungen der Kenntnisnahme dieser Delikte sind sehr verschieden, dementsprechend sind es auch die Schwierigkeiten der Ermittlung. Dies zeigt sich schon bei der Anzeigenaufnahme durch die Polizei: Während bei Diebstahlsdelikten zwei Drittel aller Anzeigen gegen unbekannte Täter erfolgen, bei denen zum großen Teil weitere Ermittlungen als aussichtslos gelten, werden bei Betrug und Unterschlagung zu 85 bzw. 90 % mit der Tat auch schon die Tatverdächtigten benannt. Wir rätseln über unterschiedliche Arten von Dunkelfeld: Bei Diebstahl hinterläßt das Delikt physische Spuren, damit ist zumindest die Tatsache des Delikts leicht entdeckbar, bei Betrug und Unterschlagung dagegen weiß oft nicht einmal der Geschädigte, daß er Opfer eines Deliktes geworden ist. Selbst Opferbefragungen können nicht über die Wahrnehmungsschwelle hinweghelfen: Wenn ein Geschädigter nicht merkt, daß er betrogen worden ist, so kann er hierüber auch einem Befragten keine Auskunft geben. Hinzu kommt, daß das Opfer eines Betruges zu dem Schaden auch noch die Blamage einstecken muß, getäuscht worden zu sein – so daß zu der schwierigen Beobachtbarkeit noch die soziale Unerwünschtheit kommt, die Opferangaben bei Betrugsfällen unwahrscheinlicher machen. Kurz: Es scheint, daß bei Betrug und Unterschlagung das Dunkelfeld sich in erster Linie aus überhaupt nicht entdeckten Fällen zusammensetzt, bei Diebstahl dagegen eher aus solchen mit unbekannten Tätern.

Tab. 2.1. Struktur des Dunkelfelds

	Wahrscheinlichkeit der			
	Entdeckung	Verhaftung	Überführung	Bestrafung
Ladendiebstahl	klein	wenn entdeckt: groß	groß: ±90 % auf frischer Tat	Polizei: ±50 % StA: ±5 %
Einbruch	sehr groß	±25 %	±50 %	Polizei: klein StA: sehr klein
Betrug	sehr klein	±90 %	±30 %	StA: sehr wahrscheinlich Einstellung

Die unterschiedlichen Ermittlungssituationen, die sich aus der Begehungsweise der Delikte ergeben, setzen sich im weiteren Instanzenweg fort: Erstaunlicherweise allerdings zeigen sie sich nicht bei staatsanwaltschaftlichen Einstellungen mangels hinreichenden Tatverdachts, bei denen Betrug und Unterschlagung nur unwesentlich über der Einstellungshäufigkeit des einfachen Diebstahls bzw. solchen unter erschwerenden Umständen liegen. Vielmehr ergibt sich eine geringere Anklagequote (Strafbefehle und Anklagen zusammengenommen) dadurch, daß bei Betrug und Unterschlagung eher wegen Geringfügigkeit oder im Zusammenhang mit anderen Delikten von einer Strafverfolgung abgesehen wird. Dies kann mit der Höhe des Schadens nicht erklärt werden. Vielmehr gehen in die Entscheidung über Sanktionsverzicht die Schwierigkeiten der Beweisbarkeit des subjektiven Tatbestandes bei Betrugs- und Unterschlagungsdelikten ein: Das Verfahren kann im Hinblick auf ein anderes leichter zu beweisendes Delikt eingestellt (und dabei möglicherweise doch bei der Strafzumessung berücksichtigt) werden, oder aber es eine Einstellung ausgehandelt gegen die Auflage einer Wiedergutmachung durch den Beschuldigten[8].

Für das Verständnis der Stabilität, solcher eingefahrener Usancen müssen wir uns die Massenhaftigkeit der Kriminalität und die dementsprechende Routinemäßigkeit von Entscheidungen vor Augen halten. Die populäre Vorstellung von der Strafjustiz und auch die im Rechtsunterricht überwiegend diskutierten ‚interessanten Fälle' sind diejenigen der mündlichen Gerichtsverhandlung, bei der die Rollenverteilung von Staatsanwalt, Verteidiger, Richter, Angeklagter und Zeugen demonstriert wird. Die Statistik allerdings weist diese Fälle als eine kleine Minderheit auf – der größte Teil der Kriminalität wird bürokratisch erledigt und entschieden. Selbst unter den angeklagten Fällen ist der Strafbefehl im Bundesdurchschnitt gleich häufig wie der Antrag auf Eröffnung einer Hauptverhandlung. Die Massenhaftigkeit der Kriminalität und der Routinecharakter von Entscheidungen über Einstellung oder Verfolgung erklären, warum für das beteiligte Personal der organisationsinterne Charakter mancher Entscheidungspraxis nicht bewußt ist.

2.4 Nicht-Kriminalisierung als Struktur und Routine

Stichworte wie ‚kriminelle Karriere' und die Diskussion des kriminellen Stigmas als das Produkt von Definitionshandlungen erwecken den Eindruck, als handele es sich bei den analysierten Prozessen um unabwendbare Abläufe, aus denen es kein Entrinnen mehr gibt, sobald sie durch eine initiale Etikettierung in Gang gesetzt sind[9]. Teilweise ist dieser Eindruck auf die Methodologie zurückzuführen: Soweit Probanden oder Aktenvorgänge zum Gegenstand der Analyse gemacht werden, die es sehr weit in ihrer kriminellen Karriere gebracht haben, scheint in der ex-post-Betrachtung der Prozeß von Bestrafung, Etikettierung und weiterer Kriminalisierung in der Tat oft von zwingender, unausweichlicher Gesetzmäßigkeit. Auch wenn man Interaktionen der Polizei untersucht, kann man bei denjenigen Situationen, die zu einer Kriminalisierung führen, immer wieder die Mechanismen der Etikettierung und der ‚sich selbst generierenden Prophezeiung' aufzeigen. Jedoch ist es schon erstaunlich, daß auch bei Untersuchungen, die sich nicht auf die ‚erfolgreich' kriminalisierten Fälle beschränken, sondern die Prozesse der Nicht-Kriminalisierung ebenso beschreiben wie solche der Kriminalisierung, daß auch bei diesen Untersuchungen die Rezeption – etwa in der gängigen Wiedergabe der Etikettierungs-Theorie – sich in erster Linie auf die Kriminalisierungsentscheidungen erstreckt, kaum aber die dabei zugleich

---

[8] Zur Verrechtlichung des Aushandelns vgl. Kai D. Bußmann: Die Entdeckung der Informalität, Baden-Baden 1991.

[9] Vgl. Heinz Haferkamp: Kriminelle Karrieren, Reinbeck 1975.

aufgezeigten Fälle des Verzichts auf Sanktion und der Nicht-Kriminalisierung in ihr Denken einschließt.

In der Analyse der Definitionsmacht der Polizei lassen sich drei Situationen unterscheiden: Diejenige des Verdachts, der Bagatelle und diejenige des Konflikts. Jeder dieser drei Situationen entspricht eine Strategie des Absehens von einer Kriminalisierung: In der Situation des Verdachts genügt das Hinwegschauen, in derjenigen des Konflikts die Privatisierung („macht's unter Euch aus"), und bei der Situation der Bagatelle genügt die Definition als solche: Teil der Definitionsmacht der Polizei ist es, die Grenze dessen bestimmen und variieren zu können, was bagatellisiert wird, mithin nicht verfolgt zu werden braucht.

Die Phänomene der Nichtkriminalisierung können mit ähnlichen Theorieansatz erklärt werden wie die der Kriminalisierung: Im Interaktionsablauf ist die Nichtkriminalisierung schlicht die Alternative zur Definition einer Handlung als ‚kriminell'. Hier sind die Ergebnisse mithin umkehrbar: Die Sozialmerkmale der ‚unverdächtigen Täter' und die der ‚unverdächtigen Situationen' sind eben diejenigen, die nicht so schnell verdächtigt werden. Jedoch ist diese Umkehrung für empirische Forschungen schwerer operationalisierbar (wir wissen wohl, wie wir Wahrnehmungen messen, nicht aber wie Nicht-Wahrnehmungen). Es kommt bei einer Theorie der Nicht-Kriminalisierung auf die Erkenntnis struktureller Vorgegebenheiten an, die eine Entscheidungssituation: ‚ob Kriminalisierung oder nicht' überhaupt nicht erst entstehen lassen. Für die Untersuchung von Prozessen der Nicht-Kriminalisierung gilt daher noch grundsätzlicher als bei denjenigen der Kriminalisierung, daß sie nicht nur auf der Ebene von Interaktionen, sondern auch auf der organisatorischen und auf der Ebene der rechtlichen Programmierung analysiert werden müssen.

Die rechtliche Entscheidung, auf Sanktionen zu verzichten, ist vor allem bei der Staatsanwaltschaft zu finden. Sie fungiert zwischen den Ermittlungsinstanzen und der Justiz als Vermittler, die auf der einen Seite eine justizförmige Vorbereitung der Anklage sicherstellt, auf der anderen Seite als Filter aller derjenigen Fälle wirkt, bei denen eine Sanktion durch die Justiz nicht zu erwarten ist oder auf eine solche verzichtet wird. Welches Ausmaß diese Filtertätigkeit annimmt, ist von Delikt zu Delikt sehr verschieden und zwar genügen hier nicht die juristischen Kategorien des StGB, sondern wir müssen innerhalb der Diebstahls-, Betrugs- oder Körperverletzungsdelikte nochmals nach spezifischen Begehungs- und Ermittlungssituationen unterscheiden, um die Entdeckungs- und Bagatellisierungswahrscheinlichkeiten erklären zu können.

Eine solche *Kontingenz*theorie, die Sanktionswahrscheinlichkeiten aus deliktsspezifischen Merkmalen erklärt, bezieht sich in erster Linie auf die Höhe der Einstellungen von Verfahren gegen ‚unbekannte Täter' und auf Verfahren mit besonderen Ermittlungsschwierigkeiten, bei denen ‚mangels hinreichenden Beweises' eingestellt wird. Auch bei späterem Sanktionsverzicht werden sich deliktsspezifische Beweisschwierigkeiten noch auswirken.

Wir haben bislang über Fälle gesprochen, bei denen explizit eine Entscheidung zum Sanktionsverzicht getroffen wurde. In der Jurisprudenz beschränkt sich die Diskussion des Sanktionsverzichts auf solche Einzelfallentscheidungen – ein Indikator

2.4 Nicht-Kriminalisierung als Struktur und Routine

dafür, daß diese Wissenschaft sich in erster Linie mit Begründungszusammenhängen für einzelne Entscheidungen befaßt. Die Strafrechtssoziologie jedoch muß darüber hinaus strukturelle Vorbedingungen für solche Entscheidungen in ihr Visier nehmen. Hiermit bezeichnen wir alle institutionellen Voraussetzungen, von denen es abhängt, ob ein Delikt überhaupt in die Mühlen der Entscheidungsalternativen der Strafverfolgung gelangt. Als Beispiel möge der Vergleich der Massendelikte Ladendiebstahl und Schwarzfahren dienen. In beiden Fällen hängt die Entdeckung (und damit Häufigkeit in der Kriminalstatistik) fast ausschließlich von der Kontrollintensität der geschädigten Unternehmen ab. Während der Einzelhandel eine Politik der weitgehenden Kriminalisierung eingeschlagen hat, ist es bei den Verkehrsunternehmen üblich, zunächst eine Mahngebühr von den Delinquenten zu erheben, und nur bei Nichteintreibung oder bei Kenntnis über wiederholte Delinquenz eine strafrechtliche Anzeige zu erstatten.

Ähnliche institutionelle Vorentscheidungen finden wir bei vielen Formen der Kriminalität, insbesondere dort, wo die Kriminalisierung von Bürokratien verwaltet wird. Betriebskriminalität bietet ein weiteres Beispiel dafür, daß viele Formen der Delinquenz eine abgestufte Dunkelziffer kennen, wo die Kenntnisnahme des staatlichen Sanktionsapparats als ‚ultima ratio' verstanden wird, wenn ein Fehlverhalten durch interne Sanktion nicht befriedigend kontrolliert werden kann. Weite Bereiche wie solche der Wirtschaftsdelinquenz, der Kindesmißhandlung oder deren arbeitsrechtswidrige Ausbeutung verbleiben mangels vorgeschalteter Kontrollen vollends im Dunkelfeld. Staatsanwälte unternehmen keine eigenen Aktivitäten, unentdeckte Delikte ans Licht zu zerren. Sie arbeiten – wie die Justiz – in erster Linie als eine passive Institution, die rechtsförmlich bearbeiten, was an sie als Delikt herangetragen wird. Verbrechenskontrolle im Sinne der Prävention und der Entdeckung von Straftaten wird als eine Sache der Geschädigten und der Polizei verstanden.

Das passive Selbstverständnis der Staatsanwaltschaften ist erklärlich aus ihrer organisatorischen und karrieremäßigen Bindung an die Institutionen der Justiz. Die Staatsanwaltschaften verstehen ihre Aufgabe als Vorbereitung einer justizförmigen Anklage, und auch ihre sehr begrenzte Ermittlungstätigkeit erfolgt im Hinblick auf das justizförmige Verfahren, selten aber im Hinblick auf eine effektive Verbrechenskontrolle. In dieser Arbeitsteilung zwischen den Instanzen liegt eine strukturell verfestigte Entkriminalisierung aller jener Deliktsformen, die auf dem Wege über die Anzeige oder polizeiliche Ermittlungstätigkeit nicht an die Justiz herangetragen werden.

Wir können aus diesen Beobachtungen schließen, daß die Selektivität der Strafverfolgung nicht alleine in den aktenmäßig nachvollziehbaren Entscheidungen zur Entkriminalisierung liegt, sondern daß sie sehr viel grundsätzlicher noch in den strukturellen Grenzen und Arbeitsteilungen der Strafverfolgungsinstanzen zu suchen sind. Jedoch kann man aus der Erklärung solcher struktureller Gegebenheiten nicht ohne weiteres auf eine funktionale Notwendigkeit zu schließen. Zwar gibt es gelegentlich Legitimationsversuche, aus diesem Faktum der Selektivität des Strafverfolgungssystems – getreu einer hegelianischen Argumentation – unmittelbar auf ihre ‚höhere Notwendigkeit' zu schließen. Das Argument geht soweit, eine prästabilierte Harmonie von Kriminalisierung und Entkriminalisierung zu postulieren, wobei allerdings für das ‚gesellschaftlich notwendige Maß der Selektion' lediglich ihre bislang erforschte Faktizität angegeben werden kann.[10] Dabei wird die Argumentation der ‚Präventivwirkung des Nichtwissens'[11] gegen eine funktionalistische Theorie der Strafe nunmehr umgekehrt zu einer funktionalistischen Legitimation des jeweiligen Status quo von Struktur und Routine der Straflosigkeit.

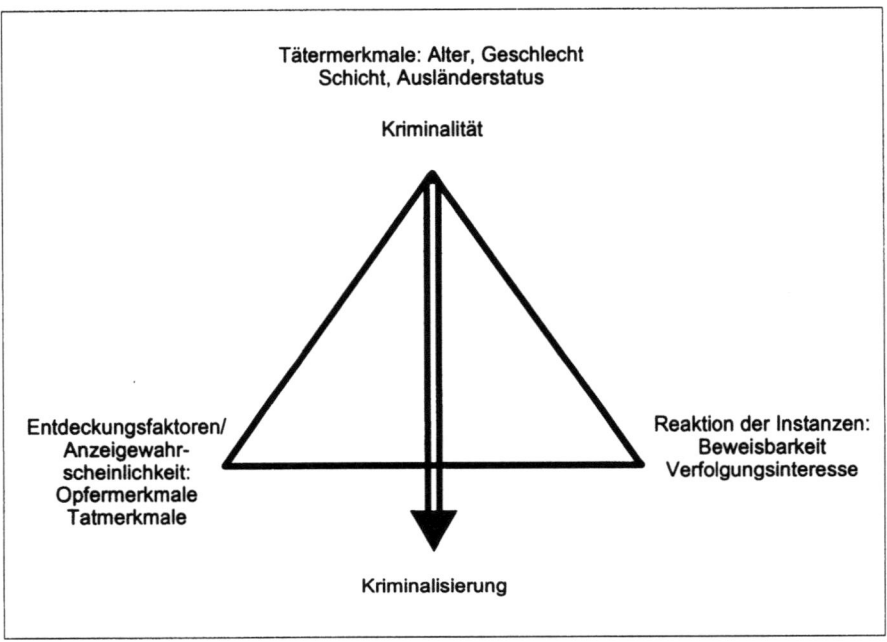

Abb. 2.4. Faktoren der Kriminalisierung

Es zeigt sich: Instanzenforschung ist für die normative Begründung des Strafverzichts eine Herausforderung. Legitimation ist nicht allein für Anklage und Strafe notwendig, sondern auch für den expliziten Sanktionsverzicht und noch mehr für die strukturellen Vorgegebenheiten des Nicht-Sanktionierens. Wenn man sich vor Augen hält, daß Diebstahl in der Zusammensetzung der bekannten Täter ein Unterschichtsdelikt, Verstöße gegen wirtschaftliche Nebengesetze per definitionem Mittelschichtsdelikte sind, so zeigt sich hier eine (routinemäßig verfestigte) schicht- und deliktspezifische Ungleichbehandlung. Ein entscheidender Faktor sozialer Auslese im Strafrechtsfilter liegt darin, daß man mit in höherer Sozialschicht, mit besserer Ausbildung und mehr Sozialmacht eher Delikte begehen, die schwerer zu entdecken sind, und daß sie nach Entdeckung größere Beweisschwierigkeiten aufwerfen. Sie haben nicht nur eher Zugang zu legalen Mitteln, um sich zu bereichern, sondern sie

---

[10] So etwa H. Zipf: Kriminalpolitische Überlegungen zum Legalitätsprinzip. In: J. Baumann & K. Tiedemann: Einheit und Vielfalt des Strafrechts, Tübingen 1974, S. 498.
[11] Heinrich Popitz: Über die Präventivwirkung des Nichtwissens, Tübingen 1968.

haben auch eher Deliktsmöglichkeiten, die eleganter zu begehen und schwieriger anzuklagen sind.

Im folgenden soll der Zivilprozeß auf ähnliche Weise analysiert werden. Die Selektivität beginnt auch hier mit der Wahrnehmung dessen, was als rechtlich relevant angesehen wird. Zunächst sollen deshalb die zeitgemäßen Veränderungen von Rechts- und Anspruchsbewußtsein untersucht werden, danach die Bedingungen, unter denen für potentiell rechtliche Probleme Anwälte und Gerichte mobilisiert werden.

3. Rechtspflichten oder Rechtsansprüche – über das instrumentelle Rechtsbewußtsein der jüngeren Generation

3.1 Die sogenannten ‚Rechtsbedürfnisse' als Kompensation sozialer Schwäche

Die Untersuchungen über Mobilisierung von Recht begannen in der Tradition der *Zugangs*problematik auf dem Weg zum Recht, einer Fragestellung, die aus der Perspektive des Gesetzgebers im Sozialstaat gesehen ist: Was nützen wohlmeinende Gesetze, die ausdrücklich den Schutz sozial Schwacher zum Ziel haben, wenn diejenigen, für die sie gemacht sind, sie nicht für sich geltend machen? Nach den Zielgruppen moderner Gesetzgebung geht es dabei um die Verbesserung des Zugangs in den Bereichen, in denen die Gleichheit eines Vertrages fiktiv ist, etwa weil eine Seite des Sozialverhältnisses existentiell stärker ausgeliefert ist, oder weil sie sich nicht in gleicher Weise der rechtlich gegebenen Möglichkeiten bedienen kann. Deshalb verleiht das materielle Recht Arbeitnehmern Schutz gegenüber Arbeitgebern, Mietern gegenüber Vermietern und Konsumenten gegenüber Produzenten. Gerade die ‚sozial Schwachen' dieser Schutzrechte brauchen dann auch Zugangserleichterungen zu Anwälten und Gericht, um ihr materielles Recht in Anspruch nehmen zu können.

So jedenfalls ist die Ausgangsthese von Studien, die seit der Mitte der 60er Jahre in den USA veröffentlicht wurden. Seitdem ist zum Thema des Zugangs zum Recht eine umfangreiche empirische Literatur entstanden. Befragungen in London[1] und in den Niederlanden[2] zeigten, daß die Verteilung von Rechtsproblemen wie eine U-Kurve aussieht: Die meisten rechtsrelevanten Probleme, vor allem solche, die Eigentums- und Vermögensfragen aufwerfen, nannten Wohlhabende; am Ende der Sozialskala dagegen bilden Schulden, Ratenzahlung, Auseinandersetzungen mit Vermietern und Probleme der Sozialversicherung und des Arbeitsrechts die häufigsten Probleme. Leute aus den Mittelschichten, dagegen nennen höchstens Konsumprobleme oder Verkehrsunfälle, die zu Rechtskontakten führen. Weitgehend wurden die Unterschiede daraus erklärt, daß sich aus dem Erwerb, der Verwaltung und der Verfügung über Vermögen, besonders über Hausbesitz, Kontakte mit rechtlichen Institutionen ergeben, für die unter den Besitzlosen ein Anlaß fehlt. Auch die Marktforschung der amerikanischen Anwaltsstiftung steht in der Tradition solcher

---

[1] Brian Abel-Smith et al.: Legal Problems and the Citizens, London 1973.
[2] C. J. A. Schuyt et al.: De weg naar het recht, Deventer 1976. Seit 1991 erhebt das ‚Zentrale Büro für die Statistik' in den Niederlanden fortlaufend die Veränderungen im Nachfrageverhalten der Bürger zu Rechtsinstanzen.

Fragestellungen[3]: Sie zeigt, daß für den Gang zum Anwalt oder Gericht in erster Linie die Art des Problems entscheidet und wieweit man Anwälten für deren Lösung Kompetenz zutraut. Beim Bau eines Hauses oder bei der Verfügung über Vermögen ist dies eher der Fall als bei einem Antrag auf Sozialhilfe oder im Falle einer Rassendiskriminierung am Arbeitsplatz. Innerhalb gleicher Problemgruppen unterscheiden sich die Sozialschichten und Einwanderer nur noch geringfügig danach, ob sie tatsächlich einen Anwaltskontakt herstellen. Ethnische und schichtspezifische Unterschiede im Gebrauch von Recht erklären sich also nicht allein aus Zugangsbarrieren, sondern schon weit früher: Daraus, daß der Gang zum Anwalt und der Weg zum Gericht keine adäquate Lösung für die Situationen sozialer Schwäche anbieten, somit negative Erwartung durchaus realistisch sind. Anwälte sind nur für einige wenige der typischen Rechtsprobleme marginalisierter Gruppen tätig; typischerweise sind dies solche (wie etwa die Aufnahmeverfahren von Asylsuchern), wo Verfahrenswege allenfalls Zeitgewinn, kaum aber rechtliche Durchsetzung anbieten.

Ähnlich läßt sich auch die skeptische Haltung einordnen, die viele Frauen von der Mobilisierung ihrer Rechte abhält. Lautmann[4] hat in offenen Interviews und Gruppengesprächen eine oft demonstrative Abwehr herausgearbeitet, sich in Sozialbeziehungen, die als ‚persönlich‘ angesehen werden, auf ‚Rechte‘ zu berufen. Frauen zeigen sich dabei als sensitiver, was sich unter anderem darin zeigt, daß sie ihre Erwartungen an das Recht weniger – als Männer – auf durchsetzbare Ansprüche reduzieren, sondern eher vom Kontext umfassender Konfliktlösungen aus argumentieren. Ihre Rechtsskepsis ist in solchen Situationen auch objektiv begründet, wo sich hinter der formalen Gleichheit der Geschlechter eine Ungleichheit von Lebenschancen verbirgt. Mit marginalisierten Gruppen haben sie die Erfahrung gemein, daß gleiches Recht materielle Ungleichheiten nicht kompensiert, sondern eher verfestigt. Subjektiv führt die so begründete Skepsis allerdings leicht so weit, schon die Wahrnehmung und Kenntnis von gegebenen Ansprüchen und Durchsetzungsmöglichkeiten abzuweisen.

3.2 Das Vermeiden von Rechtsinstanzen

Einige empirische Illustrationen für das alltägliche Vermeiden von Rechtinstanzen lesen sich wie ein soziologisches „Rezeptbuch für den Umgang mit Kriminalität und anderen schwierigen Situationen"[5]. In mehr als tausend Geschichten von kleinen Ärgernissen und großen Lebenskatastrophen ist eine Gruppe von Soziologen in Frankfurt dem Umgang von Großstädtern mit Recht nachgegangen. Nach ihrer Beobachtung besteht das Leben der modernen Großstädter aus dem Balancieren von

---

[3] Barbara Curran: The Legal Needs of the Public, Chicago 1978. Auf der Basis dieser ersten Studie der American Bar Foundation werden fortlaufend Befragungen nach Rechtsproblemen und Anwaltskontakten durch das National Bureau for Statistics durchgeführt.
[4] Rüdiger Lautmann: Negatives Rechtsbewußtsein. In: Zeitschrift für Rechtssoziologie 1 (1980) 165–208.
[5] Gerhard Hanak et al.: Ärgernisse und Lebenskatastrophen, Bielefeld 1989.

Routine und Durchbrechung; ‚Ärgernisse und Lebenskatastrophen' sind Geschichten, bei denen der Balanceakt aus dem Gleichgewicht gerät. Einige wenige davon sind Siegergeschichten: Man hat sich in einem Konflikt erfolgreich durchsetzen können, hat eine Versicherung gefunden, die den Schaden deckt, oder hat sich erfolgreich über das Erlebnis hinweggesetzt. Einige der Ärgernisse jedoch, über die die Interviewten berichten, wachsen sich zu traurigen Geschichten aus: Freundschaften, die abgebrochen werden, Nachbarschaften oder Arbeitgeber, mit denen man nicht zurecht kommt, gescheiterte Unternehmungen, Abbruch von Karrieren und auseinandergefallene Wohnprojekte. Überwiegend werden sie präsentiert als Enttäuschung des Vertrauens in und dem Abbruch von Beziehungen. Mobilität bestimmt das Lebensgefühl, die Chancen und auch die Katastrophen im Lebensverlauf. Zeitgenossen, die einen Abbruch nicht verwinden können; die an Beziehungen festhalten, auch wenn die andere Seite sie aufkündigt; die an Erwartungen festhalten, die nicht einfach einzulösen sind, gelten als inkompetent.

Recht wird in dieser mobilen Gesellschaft instrumentell eingesetzt. Voraussetzung dazu ist die Kenntnis, wie weit es nützt; erwarten, daß es Verhältnisse ändert, kann nur zu Enttäuschungen führen. Nur wenn sie sich davon etwas versprechen rufen die Befragten die Polizei: Bei Diebstählen oder Einbruch, weil die Nachweispflicht gegenüber Versicherungen dies erfordert; nicht Tataufklärung, Rückerstattung oder gar Strafsanktion sind das Ziel, sondern die Deckung des Schadens, gegen den sie versichert sind. Wird dagegen von einer Belästigung, Nötigung oder Körperverletzung berichtet, gehen nur die Unerfahrenen – beim ersten Mal – zur Polizei. Beim zweiten Mal – und nach der Lektüre dieses Leitfadens – wissen sie, daß sie sich damit lediglich als ‚inkompetente Zeitgenossen' ausweisen würden. Kompetent ist, wer „recht haben" nicht verwechselt mit „Recht behalten"; inkompetent, wer ohne eigenen Nutzen Instanzen anruft. So lautet die Moral der Studie denn auch: „Rechtschaffenheit, der es an Flexibilität mangelt, kann einen in die unangenehmsten Situationen bringen".

3.3 Wechselwirkung von Angebot und Nachfrage

Als gemeinsame Erkenntnis können wir allen Studien über Inanspruchnehmen und Vermeiden von Recht im sozialen Alltag entnehmen, daß es der Akteure bedarf, um aus einem Problem oder Konflikt im sozialen Kontext ein ‚Rechtsproblem' zu machen. Würden wir – wie dies in der Diskussion über ‚Zugangsbarrieren vor dem Recht' in der Regel vorausgesetzt wird – davon ausgehen, daß man einem Problem an sich ansehen könnte, ob es ein *Rechtsproblem* ist oder nicht, dann könnten Untersuchungen zu ‚Rechtsbedürfnissen' mit einem Katalog von als ‚sozial kompensatorisch' erachteten Rechtsproblemen beginnen können, sie hätten feststellen können, wie häufig solche Probleme vorkommen und wie sie sozial verteilt sind, und sie hätten im weiteren feststellen müssen, unter welchen Bedingungen die Betroffenen ihre Rechte geltend machen und durchsetzen können. Wenn sie sich nicht manifest als Nachfrage äußern, könnte (und sollte) man die Befragten dazu bewegen, sie als solche wahr zu nehmen, und sie damit zu ‚verrechtlichen'? Ein solches Modell etwa unterliegt der instrumentellen Vorstellung von Recht, nach der ein Gesetzgeber mit Rechtsvorschriften gesellschaftliche Verhalten ‚steuern' könnte.[6] Evaluationsforscher sollen dann die ‚Wirklichkeit' erforschen, die dem Gesetzgeber Mängel aufzeigt, die an der Erreichung von *Rechtszielen* hindern. „Effektivität von Recht" ist ein typisches Forschungsthema solch instrumenteller Vorstellungen.

Empirische Untersuchungen jedoch können nicht von solchen, eindeutig vorgegebenen Rechtszielen ausgehen. In Wirklichkeit gibt es im parlamentarischen Prozeß nicht *einen*, sondern immer viele Gesetzgeber, die einen Kompromiß suchen zwischen entgegengesetzten Zielvorstellungen. Im Gesetzestext sind sie zwar mühsam überdeckt und auf einen rhetorisch gemeinsamen Nenner gebracht. Dabei vertrauen die Gesetzgeber darauf, daß die Praxis die legislativen Überversprechungen schon korrigieren wird.

Rechtsziele werden also bei der Ausführung nochmals effektiv definiert. Was als ‚Rechtsproblem' gelten kann, ergibt sich nicht allein aus dem materiellen Recht, sondern auch aus dessen Durchsetzungschancen. Damit wird die Wahrnehmung der Betroffenen, werden ihre Handlungsmöglichkeiten, von Rechten Gebrauch zu machen, in unsere Zielbestimmung mit einbezogen. Wahrnehmungs- und Handlungsmöglichkeiten ergeben sich zum anderen aus dem Angebot von Problemlösungen, die durch die Institutionen von Rechtsberatung und Hilfe zur Rechtsdurchsetzung resultieren. Ob Rechtsberatung für bestimmte Problemlagen angeboten wird, ist zwar nicht unabhängig von der Nachfrage nach solcher Beratung, auf der anderen Seite ist diese Nachfrage wiederum durch die Definitionsangebote der Beratungsinstitutionen ausgelöst. Erst aus dem Wechselspiel von Angebot und Nachfrage ergibt sich die soziale Definition dessen, was als Rechtsproblem angesehen wird.

Bei Befragungen wurde daher versucht, über die Wahrnehmungsgrenze gemachter Erfahrung hinaus auch Denkbarkeiten abzufragen, die als ‚Potential' von Handlungsmöglichkeiten interpretiert werden. Bei dieser Art des Fragens müssen wir annehmen, daß die Wahrnehmung eines Problems stark davon abhängt, ob dieses für die Befragten je zu einem Konflikt geworden ist, welche Lösungsmöglichkeiten dabei gesehen und welche ergriffen worden sind. Eine Befragung wird Konflikte mit dem Vermieter leichter erfassen, wenn der Befragte tatsächlich deswegen einmal zu einem Rechtsanwalt oder zu einer Mieterberatung gegangen ist; er wird dies möglicherweise erst nach mehrfachem Nachfragen erfassen, wenn sich der Konflikt auf das reine Raisonnieren beschränkt hat oder auch ‚heruntergeschluckt' worden ist. Angaben allerdings, wie verbindlich solche Äußerungen in einer tatsächlichen Handlungssituation sind, ergeben sich daraus noch nicht. Es bleibt ein methodologisch begründeter Zweifel an der Zuverlässigkeit von Befragungen, da wir im Falle von Apathie-Verhalten geringere Wahrscheinlichkeiten haben, daß ein Konflikt überhaupt berichtet wird. Es ist darüber hinaus aber auch eine Frage der Gültigkeit, daß wir die Schwelle der bloßen Wahrnehmung von Konflikten von den Präferenzen möglichen Verhaltens im Fragebogen unterscheidbar machen.

---

[6] Rüdiger Voigt & Axel Görlitz: Rechtspolitologie, Opladen 1985.

Solche Probleme der Operationalisierung von Handlungsmöglichkeiten, denen nicht notwendig faktische Handlungen entsprechen, sind für die Sozialforschung nicht neu. Vor ähnlichen Schwierigkeiten steht die Macht- und Einflußforschung, wenn sie an Entscheidungsuntersuchungen kritisiert, daß die strukturbildenden Nicht-Entscheidungen vom Untersuchungsansatz her vernachlässigt würden. Um Nicht-Entscheidungen zu konstatieren, muß der Analytiker mit einem Vorverständnis von potentiellen Entscheidungsthemen in seinem Untersuchungsfeld ausgehen, und hier nun das Ausbleiben von deren Thematisierung zu erklären versuchen. Er postuliert damit relevante Probleme, auch wenn diese von den Befragten selbst als Nicht-Probleme angesehen werden. Teilweise kann dies ein Wahrnehmungsproblem sein: Daß Personen ihre Rechte überhaupt nicht kennen; kennen sie ihre Rechte und bleiben dennoch passiv, so wäre dieses Apathie-Verhalten zu erklären.

Das Spektrum von Reaktionen auf Problemlagen reicht dabei von

– apathischem Verhalten, „es auf sich beruhen lassen" bis zum bewußten Vermeiden von Rechtsinstanzen,

weiter über

– informelle, individuelle Lösungsvorschläge: Verhandlungen, Mobilisieren von Hilfe durch Nachbarn, Kollegen,
– individuelle rechtliche Lösungsversuche durch den Gang zur Rechtsberatung und zum Gericht,
– individuelle rechtliche Durchsetzung mit Hilfe von Interessenorganisationen

bis zur

– Politisierung eines Konfliktes durch Organisation von gleichgearteten Interessen.

Die verschiedenen Untersuchungen in der Tradition des Zugangs zum Recht haben die Schwierigkeit, objektive ‚Rechtsbedürfnisse' zu unterstellen durch Postulate in sozialpolitischer Absicht ersetzt. Wie bei der Markterprobung von neuen Produkten sprechen sie von ‚latenten Rechtsproblemen', die durch neuartige Rechtshilfeangebote stimuliert und zur *manifesten Nachfrage* gemacht werden. Kulturvergleiche können dabei hilfreich sein, sowohl um Ideen zu generieren, als auch um einen Bedarf zu legitimieren. Die rapide Entwicklung von Rechtshilfeeinrichtungen in den gleichen Ländern, aus denen Untersuchungen über Rechtskontakte und Rechtsbedürfnisse vorliegen, stellen derartige Markterprobungen dar: Das Angebot von ‚law centres' in England, von ‚rechtswinkels' in Holland und von ‚neighborhood legal services' in Nordamerika hat Rechtsprobleme durch das Angebot von bisher ungewöhnlichen Formen von Rechtsberatung offenbar werden lassen.[7] Diese Institutionen beraten bei Miet- und Wohnungsproblemen; zu ihnen kommen Arbeitslose und Sozialhilfeempfänger und zum Teil auch bedürftige Familien, vor allem Frauen in Ehe- und Unterhaltssachen. Solche Formen der Rechtsberatung, die sich vor allem

---

[7] Vgl. die verschiedenen nationalen Beiträge in Jahrbuch für Rechtssoziologie und Rechtstheorie Bd. 5, 1978.

um Probleme sozial Schwacher kümmern, sind allerdings in allen Fällen subventioniert: Sie entscheiden über Ablehnung oder Annahme eines Mandats nicht danach, wieviel Gebühren ihnen diese einbringt, sondern vielmehr, ob es in die Kategorie von Fällen gehört, für die sie sich grundsätzlich engagieren. Sie orientieren sich nicht alleine daran, welche bislang ungedeckten Bedürfnisse aufgrund dieser neuen Angebotsformen zur Rechtsberatung gelangen, sondern sie setzen eigene Kriterien dafür, was sie als *Bedarf* für wichtig erachten. Die Definition von ‚Rechtsproblemen' allein vom *Angebot* (des materiellen Rechts und der Rechtsberatung) zu bestimmen, unterstellt einen zu großen Steuerungsoptimismus: Als könnten Menschen die sozialen Systeme, an denen sie teilnehmen, so leicht auf einen Sollwert einstellen wie einen Thermostaten auf die gewünschte Temperatur. Rechtsberatung ist ein Angebot, Rechte besser wahrnehmen und durchsetzen zu können – ob aber die Betroffenen hiervon Gebrauch machen, hängt von ihren Entscheidungen ab, deren soziale Bedingungen wir erklären müssen, bevor wir sie (in Grenzen) beeinflussen können.

Allerdings trägt die Analogie zu Märkten nur ein Stück weit. Rechtsberatung ist in mehrerer Hinsicht ein besonderes Produkt: Sie ist das Ergebnis eines sozialen Definitionsprozesses, der vier Ebenen aufeinander bezieht:

– die *politische Willensbildung*, mit der Rechte als Angebot formuliert werden;
– die *Implementation*, bei der ein Ausführungsstab die Bedingungen für die Realisierung dieser Rechte schafft;
– das *Rechtsbewußtsein*, innerhalb dessen Rechtsangebote wahrgenommen werden;
– und *die Mobilisierung von Rechten*, die als Nachfrageverhalten ablesbar ist.

3.4 Rechtsansprüche, Rechtsmobilisierung und Rechtsohnmacht

Um das Angebot von *Rechten* effektiv zu machen, muß es faktisch mobilisiert werden können. Uns interessieren dabei besonders solche Rechte, die Schutzfunktionen für Sozial-Schwächere vorsehen, wie etwa Kündigungsschutzrechte im Arbeitsverhältnis, beim Mieterschutzrecht und beim Konsumentenschutz. Befragungen[8] erlauben uns zu vergleichen, in welchen Situationen sie wirkungslos bleiben, in welchen effektiv werden; sie machen auch deutlich, wo sie die Ohnmacht von Ansprüchen bekräftigen.

3.4.1 Konsumentenprobleme

Verbraucherprobleme, sollte man annehmen, betreffen jedermann; zumindest wenn man, wie wir dies getan haben, hierbei auch Beschwerden über Dienstleistungen von Ärzten oder Reparaturhandwerkern und Bezahlungsprobleme gegenüber Gas- und

---

[8] Unsere eigene Befragung – in der Tradition der vergleichbaren Studien von Abel-Smith, Schuyt und Curran (supra) – ist ausführlich dokumentiert in Erhard Blankenburg & Udo Reifner: Rechtsberatung – Die soziale Definition von Rechtsproblemen, Neuwied 1982.

Elektrizitätsversorgern einbezieht. Dabei kann man erwarten, daß die Besserverdienenden am ehesten Probleme nennen, die sie beim Erwerb von langdauernden Konsumgütern oder bei Reisen erfahren (weil sie in diesen Bereichen einen höheren Verbrauch haben als minder Verdienende), daß Einkommensschwache dagegen eher mit Verpflichtungen aus Ratenzahlungen oder laufenden Rechnungen (wie Energieversorgung, Heizung etc.) in Schwierigkeiten kommen, die rechtlich relevant werden können. Mit zunehmendem Alter wird man finden, daß eher Problemen der ärztlicher Versorgung oder mit Versicherungen und Dienstleistungen zu Beschwerden führen. Ob „Probleme, die man erfahren hat", wahrgenommen werden, hängt deutlich nicht allein vom *Konsumniveau* ab, sondern auch von dem *Erwartungsniveau*, wie weit man Enttäuschungen dem Produzenten anlastet und wieweit man hierüber Klage führt, sei dies zunächst formell, sei es unter Einleitung formeller oder sogar rechtlicher Schritte.

Tab. 3.1. Konsumprobleme

	Es nennen Problemerfahrungen mit			
	Größeren Anschaffungen	Urlaubsreisen	Kredit/Ratenzahlung	Versicherungen
Rentner[a]	9%	2%	1%	2%
Berufstätige Männer[a]				
– niederer Status	14%	2%	2%	4%
– höherer Status	14%	3%	3%	8%
In Ausbildung Befindliche	13%	4%	1%	3%

	Es nennen Problemerfahrungen mit			
	Dienstleistungen	Ärzten	Strom/Gas	N^b = 100%
Rentner[a]	8%	7%	6%	(6)
Berufstätige Männer[a]				
– niederer Status	12%	6%	5%	(–)
– höherer Status	14%	12%	8%	(–)
In Ausbildung Befindliche	14%	11%	8%	(–)

[a] Zur Vereinfachung sind hier die geschlechtsspezifischen Unterschiede weggelassen (nur nicht-berufstätige Frauen und Rentnerinnen nennen weniger Problemerfahrungen, unter Berufstätigen und in Ausbildung Befindlicher sind keine signifikanten Geschlechtsunterscheide bezüglich der Problemwahrnehmung festzustellen).
[b] Mehrfachnennungen, deshalb Prozentsumme über 100% möglich.
Vgl. die ausführlichere Darstellung in: Blankenburg & Reifner, Rechtsberatung, Neuwied 1982, S. 38 ff.

Erwartungsgemäß werden die meisten Verbraucherprobleme von den Berufstätigen mit hohem Status genannt: Schließlich ist ihr Konsumniveau am höchsten, infolgedessen auch am ehesten Anlaß zur Klage gegeben, insbesondere bezüglich Produktmängeln bei größeren Anschaffungen und Kreditkäufen, die den größten Teil der Beschwerden bei Verbraucherzentralen ausmachen. Obwohl die Jüngeren in Ausbildung (laut unseren Fragen nach langlebigen Konsumgütern, Versicherungen etc.) an solchem Konsum bei weitem nicht auf gleichem Niveau teilnehmen, äußern sie doch fast so häufig ihre Beschwerden, in Bezug auf Ärzte sogar häufiger als selbst die Älteren und Rentner, bei denen der Bedarf an Gesundheitsdienstleistungen natürlich weit größer ist. Der geringe Unterschied in der Problemwahrnehmung ist das erstaunliche Ergebnis in Bezug auf Verbraucherbeschwerden, wo doch das Konsumniveau deutliche Generationsunterschiede zeigt. Erst recht zeigt sich ihre volle Teilnahme an Beschwerdeaktivitäten (wenn wir von der reinen Problem*wahrnehmung* auf die Angaben zu den Aktivitäten weiterfragen, die im jeweiligen Problemfall unternommen wurden): Bei leicht geringerer Problemhäufigkeit haben die Jüngeren doch am häufigsten etwas unternommen, um ihrer Beschwerde Geltung zu verschaffen. Dabei machen sie Gebrauch von *allen* Möglichkeiten der Beschwerde: Direkt beim Produzenten oder händler, mithilfe einer Verbraucherzentrale oder (im immer noch äußerst seltenen Extremfall) auch mit Rechtsanwalt und Gericht.

Tab. 3.2. Beschwerdeaktivitäten bei Verbraucher-Problemen

| | Unter den Befragten mit Verbraucher-Problemerfahrungen haben sich gewandt an |||||
	Händler/ Dienstleistenden	Verbraucherberatung	Rechtsanwalt	Gericht	N = 100 %
Rentner	11 %	1 %	1 %	2 %	(60)
Berufstätige Männer					
– niederer Status	18 %	2 %	3 %	3 %	(109)
– höherer Status	16 %	1 %	2 %	–	(109)
In Ausbildung Befindliche	16 %	3 %	7 %	2 %	(102)

3.4.2 Probleme im Arbeitsleben

Die Daten zu Verbraucherproblemen haben schon deutlich gemacht: Die Häufigkeiten, zu denen Befragte uns Problemerfahrungen nennen, können nur von dem Hintergrund sowohl einer *Gelegenheits-* als auch einer *Erwartungstheorie* interpretiert werden: Wer viel konsumiert, hat mehr Gelegenheiten zu Problemerfahrungen, aber ob er seine (negativen) Erfahrungen als „Probleme" definiert hängt von seinem Erwartungsniveau ab.

Wenn wir die Drohung des Arbeitsplatzes als ‚hartes', die Klagen über schlechte Arbeitsbedingungen und Auseinandersetzungen mit Vorgesetzten und Kollegen als ‚weiches' Problem bezeichnen, so bedeutet dies nicht unbedingt, daß nur ‚harte' Probleme als sehr belastend empfunden werden. Unsere Kategorisierung reflektiert vielmehr eine Bewertung, die das materielle Recht vornimmt: Der arbeitsrechtliche Schutz ist wirksam ausgebaut am ehesten dort, wo es um den Erhalt von langfristigen Arbeitsplätzen geht, er verweist auf die innerbetriebliche Konfliktregelung am ehe-

3.4 Rechtsansprüche, Rechtsmobilisierung und Rechtsohnmacht

Tab. 3.3. Probleme im Arbeitsleben

	Es nennen Problemerfahrungen mit							
	Konflikten mit Vorgesetzten	Konflikten mit Kollegen	Unzumutbaren Arbeitsbedingungen	Falscher Lohnabrechnung	Unter falschen Voraussetzungen eingestellt	Ordentlicher Kündigung	Drohung mit Arbeitsplatzverlust wegen Krankheit	N = 100 %
Rentner[a]	53 %	38 %	20 %	11 %	2 %	24 %	12 %	(93)
Berufstätige	53 %	37 %	15 %	18 %	7 %	20 %	12 %	(226)
in Ausbildung Befindliche[b]	77 %	40 %	27 %	36 %	13 %	18 %	9 %	(22)

[a] Soweit früher berufstätig.
[b] Soweit erwerbstätig.

Tab. 3.4. Beschwerdeaktivitäten bei Problemen im Arbeitsleben

	Unter den Befragten mit Problemen im Arbeitsleben haben sich gewandt an						
	Kollegen	Betriebsrat/ Personalrat	Personalchef	Gewerkschaftliche Rechtsberatung	Rechtsanwalt	Arbeitsgericht	N = 100 %
Rentner[a]	14 %	17 %	20 %	17 %	–	6 %	(35)
Berufstätige Männer							
– niederer Status	10 %	38 %	16 %	14 %	2 %	6 %	(51)
– höherer Status	23 %	33 %	15 %	27 %	6 %	12 %	(52)
In Ausbildung Befindliche	28 %	11 %	6 %	11 %	6 %	6 %	(48)

[a] Soweit früher berufstätig, nur Männer.

sten dort, wo es um Ansprüche im Arbeitsverhältnis geht. Für die Problemerfahrungen, die uns die Jüngeren in Ausbildung genannt haben, stellt daher das Recht weniger Durchsetzungsmöglichkeiten zur Verfügung, entsprechend bleibt den Jüngeren nur der Weg, informelle Solidarität zu mobilisieren. Betriebsrat, Gewerkschaften und Personalverwaltung werden von ihnen auffallend selten um Vertretung ihrer Ansprüche angegangen, wohl aber (trotz ihrer geringeren materiellen Rechtsmöglichkeiten) in durchschnittlich hohem Maße Rechtsanwälte und Arbeitsgericht.

Wer noch in der Ausbildung steht, hat natürlich weniger Rechtsansprüche als derjenige, der in das Arbeitsleben auf Dauer integriert ist. Am banalsten wird dies deutlich darin, daß es zwar viele Rechtsmöglichkeiten gibt, um einen Arbeitsplatz zu verteidigen, aber kaum Rechtsansprüche, um einen Arbeitsplatz zu erhalten. So selbstverständlich dies auch sein mag, wenn Rechtsansprüche am ehesten zur Verteidigung des Status Quo wirksam werden, kaum als Zutrittsrecht, so hat dies doch die Folge, daß Jüngere (und auch andere, die sich in das Arbeitsleben integrieren wollen) sich mit ihren Ansprüchen in einer Situation der *Rechtsohnmacht* befinden.

3.4.3 Probleme um die Wohnung

Die prekäre Rechtssituation bei Zugangsansprüchen zeigt sich erst recht auf dem Wohnungsmarkt. Das Mietrecht schützt den, der eine Wohnung hat, kaum aber denjenigen, der sie sucht. In den Großstädten und den Neuen Bundesländern mit ihrer Wohnraumregulierung ist die Wohnungssuche besonders schwierig. Illegale Praktiken wie die Forderung von Abstandszahlungen, der ‚schwarze‘ Wohnungshandel blühen entsprechend. Für Jüngere, die wenig Geld zur Verfügung haben oder gar für nur begrenzte Zeit eine Wohnung suchen, ist das Mieterschutzrecht kein Trost.

Angesichts unterschiedlicher objektiver Probleme sind es nicht mehr die reinen Altersunterschiede, die signifikante Unterschiede im Verhalten ausmachen, sondern die Ausgangslage: Hier ob die von uns Befragten in den letzten (fünf) Jahren ihre Wohnung gewechselt haben oder nicht. Dabei ist dieses Merkmal auch zugleich das eines Generationsunterschiedes: Die Jüngeren in Ausbildung in unserer Befragung befinden sich überwiegend unter den Wohnungswechslern, die Berufstätigen deutlich seltener und die Älteren in in wenigen Ausnahmen. Der Gang zu Rechtsanwalt und Gericht hängt auch hier von der materiellen Rechtssituation ab: Geht es um die Höhe der Miete oder um Zahlungsprobleme, liegt die Durchsetzung auf dem Rechtsweg auf der Hand. Herabsetzungen bei der Wohnungssuche dagegen lassen sich auf dem Rechtsweg kaum beseitigen; lediglich die Berliner Eigenart von illegalen Abstandsforderungen führt öfters zu Rechtsstreitigkeiten. Der Art des Konflikts gemäß sind solchen Auseinandersetzungen nur die Wohnungswechsler ausgesetzt; aber auch bei allen anderen rechtlichen Auseinandersetzungen um Hausmängel, Auseinandersetzungen mit Vermietern und sogar Nachbarn wird der Rechtsweg signifikant häufiger von Wohnungswechslern beschritten als von denen, die langfristig in ihrer Wohnung geblieben sind. Ursache und Wirkung können hier wechselseitig sein: Wer ‚harte‘ Rechtsstreitigkeiten um seine Wohnung führt, zieht eher um; wichtiger aber wird sein, daß wer umzieht, eher in Situationen kommt, die zum Rechtsstreit führen.

Tab. 3.5. Wohnungsprobleme

	Es nennen Problemerfahrungen mit				
	Alltagsproblemen (schlecht geheizt störende Schäden, kein warmes Wasser)	Auseinandersetzungen mit Vermieter	Wohnungssuche Abstandszahlung	Wohnungssuche Ablehnung	N = 100 %
Rentner/innen	25 %	1 %	–	–	(140)
Berufstätige Männer					
– niederer Status	32 %	6 %	7 %	11 %	(112)
– höherer Status	37 %	9 %	19 %	14 %	(109)
In Ausbildung Befindliche	64 %	14 %	14 %	36 %	(102)

3. Rechtspflichten oder Rechtsansprüche

Wie in allen Konfliktbereichen ist der Rechtsweg aber nicht die einzige Form der Anspruchsdurchsetzung. Mieterinitiativen etwa üben Druck aus mit sozialen Mitteln ebenso wie mit rechtlichen. Sie können Mietzahlungen vorenthalten, Forderungen wirkungsvoll erheben und Unterhandlungen mit größerem Erfolg führen als einzelne Mieter. Immer steht dabei im Hintergrund auch die Ankündigung von Rechtsschritten, aber nur im äußersten Fall kommt es hierzu. In der Regel genügt es schon, wenn der Rechtsanspruch als Drohung wirksam wird.

Allerdings muß eine Rechtsdrohung glaubhaft sein. Nur wer sich gut im materiellen wie im Prozeßrecht auskennt, kann seine Drohmöglichkeit wirkungsvoll einsetzen. Es ist daher nicht verwunderlich, daß es am ehesten die besser Ausgebildeten sind, die sich in Mieterinitiativen ebenso wie bei individuellen Rechtsschritten engagieren. Die Jüngeren, die sich in der Ausbildung befinden, sind daher auch hier am aktivsten zusammen mit Berufstätigen in höheren Positionen, leitende Angestellte und Selbständige, die schon beruflich Erfahrungen im Umgang mit Rechtsinstanzen haben, stellen den größten Teil der Aktiven. Schüler und Studenten bilden die nächst größere Sozialkategorie in den befragten Mieterinitiativen.

3.5 ‚Instrumentelles Rechtsbewußtsein'

Die Mobilisierung von Rechten hängt von den jeweiligen Problemsituationen ab, in denen Recht Ansprüche und Regeln definiert, von den Verhaltensmöglichkeiten der Betroffenen und von der Wahrnehmung, die diese über ihre Rechte und deren Mobilisierung haben. Da der Gang zu einem Rechtsanwalt oder Gericht in alltäglichen Sozialbeziehungen äußerst selten ist, können Repräsentativerhebungen hierzu nur unter größtem Aufwand valide Aussagen machen. Deshalb bleiben in einer allgemeinen Bevölkerungsbefragung für die jeweils anzugebenden Konfliktsituationen immer nur kleine Teilstichproben übrig, die einschlägige Rechtserfahrungen aufzuweisen haben. Im Durchschnitt sucht etwa die Hälfte derjenigen, die über Erfahrungen berichten, bei denen sie sich vor bestimmte Rechtsprobleme gestellt sahen, tatsächlich eine beratende oder rechtshelfende Instanz auf, weniger als durchschnittlich zehn Prozent haben im weiteren Verlauf tatsächlich im Rahmen eines Verfahrens Gerichtskontakte gehabt.

Die Bereitschaft, Instanzen für die Durchsetzung eigener Rechte zu beanspruchen, ist signifikant häufiger unter gut Ausgebildeten und Jüngeren zu finden, unter den letzteren also ausgerechnet dort, wo weniger status-quo-Rechte zu mobilisieren sind. Häufig sind sie in der Situation, *Zugang* zur Gesellschaft zu suchen und nicht erworbene Rechte zu verteidigen. Rechte jedoch sind in erster Linie erworbener status quo. Besitzrechte lassen sich leichter mit rechtlichen Mitteln einklagen oder verteidigen. Für Zugangsrechte hat der Gesetzgeber bisher noch kaum einen Rechtsweg gefunden.

Damit läßt das Recht ausgerechnet die Jüngeren häufig ohnmächtig. Sie haben gleichzeitig häufiger eine höhere Ausbildung als die ältere Generation, sind damit diejenigen, die mehr Rechtskenntnisse und -erfahrungen haben. Rechsohnmacht und

Rechtskenntnisse zusammen korrelieren wiederum mit einer eher skeptischen Einstellung gegenüber Rechtsinstanzen. Solche Skepsis der Rechtserfahrenen mag bei den Jüngeren mit ihrer schwächeren Rechtssituation begründet sein, gilt aber auch allgemein: Wer sich auskennt, ist eher skeptisch, ob das Recht und seine Instanzen seine Erwartungen erfüllen können[9]. Wer dagegen wenig Erfahrung mit dem Recht hat, vertraut eher seinen Instanzen.

Die Zusammenhänge sind in Abb. 3.1 schematisch dargestellt.

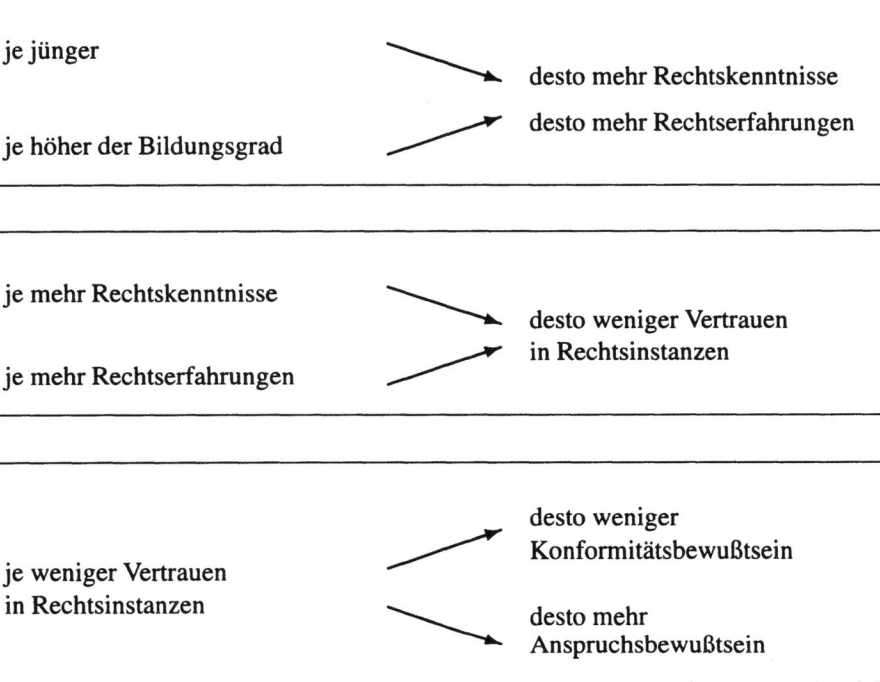

Abb. 3.1. Alter, Rechtskenntnis/-erfahrung und Vertrauen in Rechtsinstanzen sowie Konformitäts- und Anspruchsbewußtsein

Die gegenläufige Korrelation von Erfahrung und Vertrauen in Bezug auf Rechtsinstanzen führt im weiteren Zusammenhang des Generationenwechsels zu einer Polarisierung: Die Jüngeren, die größere Bereitschaft zeigen, ihre Rechte zu mobilisieren, sind zugleich diejenigen, die weniger konformistische Einstellungen gegenüber Rechtsnormen an den Tag legen.

Im Rechtsbewußtsein fallen Einstellungen zum Recht als Anspruch und als Verpflichtung auseinander: Während Rechtsphilosophen Pflichten und Rechte sie als zwei Seiten einer begrifflichen Medaille darstellen, muß die empirische Einstellungs-

---

[9] So das kumulative Ergebnisse vor allem amerikanischer Befragungen, vgl. Austin Sarat: Studying American Legal Culture. In: Law & Society Rev. 11 (1977) 427–488; ebenso unser eigener Befund.

forschung sie zwei verschiedenen Typen von Dispositionsmustern zuordnen: Auf der einen Seite die Rechtsgläubigkeit als Konformitätsverpflichtung, die mit geringer Inanspruchnahme von Rechten einhergeht, auf der anderen Seite ein instrumentelles Rechtsbewußtsein, das beim Recht in erster Linie ‚Rechte' sehen und das Verhalten belohnt, diese zu beanspruchen. Zugleich scheiden die Elemente des Bewußtseins von ‚Rechten' gegenüber dem von ‚Pflichten' die Generationen: Vermittelt über den höheren Bildungsgrad nimmt die Rechtsgläubigkeit' ab, das ‚instrumentelle Rechtsbewußtsein' zu.

Tab. 3.6. Rechtsgläubigkeit und ‚Instrumentelles Rechtsbewußtsein'

	Eher konformitätsorientiert	Eher anspruchsorientiert
Ältere Generation	„Rechtsgläubigkeit"	
Jüngere Generation		„instrumentelles Rechtsbewußtsein"

4. Mobilisierung von Gerichten

4.1 Modelle rechtlicher Normen

Für Soziologen in der Tradition Geigers ist die Wirksamkeit von Recht erst an den Fällen der Nichteinhaltung erkennbar, daran, daß seine Normen nicht befolgt werden oder daß um seine Anwendung Konflikte entstehen. Solange Recht eingehalten wird, kann man nicht beurteilen, ob dies einem Verhalten entspricht, das auch ohne normative Regelung eingetreten wäre: Entweder, weil biologische oder technologische Bedingungen kaum alternatives Handeln zulassen, oder aber weil schon das egoistische Selbstinteresse der Handelnden hierzu führt, oder letztlich, weil es keine Gründe gibt, von einem eingelebten Muster der Gewohnheit abzuweichen. Theodor Geiger macht deshalb seinen Begriff von ‚Recht' daran fest, ob im Falle seiner Nichtbefolgung eine Sanktion erfolgt[1]. Nicht die Einhaltung der Norm belegt ihre Geltung, sondern die Einhaltung der Sekundärnorm, die sich auf die Reaktion im Falle der Nichtbefolgung bezieht. ‚Normen' unterscheiden sich von bloßen Verhaltensregelmäßigkeiten dadurch, daß für den Fall der Abweichung eine Sanktion angedroht ist; Rechtsnormen dadurch, daß es für diese Sanktion eigene Instanzen gibt. Die Frage nach der ‚Mobilisierung von Recht' zu stellen, heißt hier, die Bedingungen zu untersuchen, unter denen diese Instanzen tätig werden.

Theodor Geiger allerdings hat seinen Ansatz, daß die Wirksamkeit einer Norm am besten bei der Reaktion auf Abweichungen beobachtet werden kann, lediglich an einem Modell normativer Regelung: dem von Verhaltensregeln entwickelt. Seine Begriffe und Gesetzmäßigkeiten lassen sich zwar mit definitorischen Künsten auf Rechtsbeziehungen übertragen, die dem Modell des Vertrags entsprechen. Jedoch wird bei den Überlegungen aus der Sicht eines Normsetzers über die Bedingungen der Implementation deutlich, daß der Ablauf rechtlicher Regelungen, die nach dem Modell des Vertrages vereinbart worden sind, idealtypisch in anderen Begriffen gefaßt ist. Donald Black hat dies in einer Gegenüberstellung verdeutlicht: Auf der einen Seite unterscheidet er Verhaltensnormen, für die es eine Überwachungsagentur gibt, auf der anderen Seite Rechtsnormen, die lediglich von einer Partei durch das Anrufen rechtlicher Instanzen wie etwa der Gerichte ‚mobilisiert' werden können. Er bezeichnet die Erzwingungsstruktur von Verhaltensnormen als ‚Autorität', die dem Modell von Befehl-Gehorsam folgen, und in die der Eintritt nicht immer freiwillig

---

[1] Theodor Geiger: Vorstudien zu einer Soziologie des Rechts, Neuwied 1964 (zuerst 1947), insbesondere S. 65–83.

und der Austritt nicht immer möglich ist; die Erzwingungsstruktur von Vertragsnormen vergleicht er mit einem ‚Markt', in dem sich prinzipiell Gleiche gegenüberstehen, die die Regeln ihrer Interaktion vereinbaren, darunter auch die Bedingungen des Eintretens oder Austretens aus einer solchen Beziehung[2].

Dies sind idealtypische Gegenüberstellungen. Der praktische Ablauf der Entdeckung und Registrierung von Kriminalität relativiert die Unterscheidung schon wieder: Tatsächlich sind auch Strafrechtsnormen davon abhängig, daß die Erzwingungsinstanz von den betroffenen Opfern ‚mobilisiert' wird; und tatsächlich besteht Vertragsfreiheit in unserer Gesellschaft nur noch in Teilbereichen: Da Käufer und Verkäufer auf dem Warenmarkt häufig nicht über gleiche soziale Macht und rechtliche Kompetenz verfügen, wird deren Vertragsfreiheit durch eine Normierung der Grenzen allgemeiner Geschäftsbedingungen begrenzt; da sich Arbeitgeber und Arbeitnehmer in sozial unterschiedlicher Position befinden, haben sich beide Seiten kollektiv organisiert und sind durch Schutzrechte für die Arbeitnehmer in ihrer Vertragsfreiheit eingeschränkt; und da Mieter und Vermieter eine unterschiedlich existenzielle Abhängigkeit von dem Bestehen eines Mietvertrages haben, werden Mieter vor vertraglicher Willkür von seiten der Vermieter geschützt. Soweit für solche Eingrenzungen der Vertragsfreiheit ein eigener Überwachungs- und Erzwingungsstab besteht, kombinieren diese das Modell der autoritativen Normsetzung mit dem der Regelung von Sozialbeziehungen durch Vertragsnormen.

Im Rahmen juristischer Analysen wird an die Wirksamkeit solcher Normen die Frage gestellt, wie weit die zuständigen Gerichte in ihrer Spruchpraxis solche Schutzrechte auslegen oder einengen oder aber wie weit sich die Polizei bei ihren Einsätzen an die gesetzlich gesetzten Vorschriften hält. Die Instanzen werden damit selbst am Maßstab der Erfüllung von Verhaltensnormen gemessen. Wollte man sie jedoch an dem Maßstab der Erfüllung von rechtspolitischen Zielsetzungen messen, müßte man die darüber hinausgehende Frage stellen: Unter welchen Bedingungen werden die Gerichte eigentlich angerufen, in welchen und wievielen anderen Fällen bleiben sie inaktiv? Gibt es eine eigene Instanz zur Überwachung und Anzeige der Übertretung von Vertragsnormen, und unter welchen sozialen Bedingungen werden diese aktiv? Wenn wir solche Fragen empirisch beantworten, zeigt uns die Realität regelmäßig graduelle Unterscheidungen: In dem Maße, zu dem eine solche Instanz die Mobilisierung der Gerichte faktisch übernimmt, nähern wir uns dem Autoritätsmodell von Recht, in dem Maße, in dem die Mobilisierung von der Aktivität der Parteien abhängt, entspricht es dem Modell der ‚Mobilisierung von Recht'.

Obwohl die soziale Wirklichkeit also mehr Mischformen als reine Ausprägungen beider Idealtypen aufweist, führt doch der Ansatz weiter, die Struktur von Rechtsnormen an den Bedingungen festzumachen, unter denen Recht mobilisiert wird.

Nützlich ist die Unterscheidung von pro-aktiver Situation des Staates, wenn er den ersten Schritt zur Tätigkeit rechtlicher Instanzen tut, und reaktiver Mobilisierung, wenn Bürger Rechtsinstanzen anrufen. Man kann diese Unterscheidung analog auf die Situation des Bürgers übertragen, wenn er vor der Entscheidung steht, Gerichte zu mobilisieren. Auch hier wieder wird die Wirksamkeit des Rechts erst im

---

[2] Donald Black: The Mobilization of Law. In: Journal of Legal Studies 2 (1973) 125 ff.

Falle des Konflikts beobachtbar: Solange Verträge eingehalten werden, ist nicht entscheidbar, ob nicht das gleiche Verhalten auch ohne Rechtsnorm erfolgt wäre. Häufig wissen die Beteiligten in andauernden Sozialbeziehungen gar nicht, wie die rechtlichen Regelungen für ihre Interaktionen aussehen: Käufer, und auch Verkäufer, kommen meist ohne die genauen Kenntnisse aller Bedingungen ihres Kaufvertrags aus; Arbeitnehmer und auch ihre unmittelbaren Vorgesetzten verhalten sich häufig konträr zu den Bedingungen ihres Arbeitsvertrages und können informelle Regeln der Organisation ihrer Beziehungen häufig sogar langfristig stabilisieren; und Arbeitsteilung wie Autoritätsstruktur innerhalb einer Familie werden eher durch tradierte Verhaltensmuster, denn durch das geltende Familienrecht geprägt. Lediglich im Falle von Konflikten wird (manchmal ‚plötzlich') die zugrunde liegende rechtliche Regelung zitiert. In andauernden Sozialbeziehungen, insbesondere wenn sie persönlichen Charakter haben und informellen Regelungen unterliegen, kann eine solche Thematisierung von formalen Rechtsnormen schon die Drohung mit dem Abbruch der Beziehungen bedeuten. Erst recht gilt dies, wenn als dritte Partei ein Anwalt oder ein Gericht bemüht würde. Solche ‚Mobilisierung' von rechtlichen Instanzen ist deshalb desto unwahrscheinlicher, je persönlicher und komplexer eine Sozialbeziehung ist und je mehr die Beteiligten ein Interesse an ihrer Aufrechterhaltung haben[3]. Gerichte können in solchen Fällen allenfalls die Bedingungen des Abbruchs von Sozialbeziehungen bestimmen, kaum jedoch deren fortlaufende Interaktion regeln. Höher ist die Wahrscheinlichkeit des Anrufes von rechtlichen Instanzen bei Konflikten in einmaligen und dazu noch anonymen Sozialbeziehungen. Auseinandersetzungen nach einem Verkehrsunfall lassen sich ohne Gefährdung einer bestehenden Sozialbeziehung vor Gericht tragen; die Schulden gegenüber einem anonymen Kunden sind leichter gerichtlich einzufordern als die gegenüber einem bekannten, und diese wiederum leichter als die Gläubigerforderung gegenüber einem Freund.

Nimmt man alle Konflikte, die potentiell rechtlich behandelt werden könnten, so ist das, was vor die Gerichte gelangt, nur eine Auswahl. Ebenso wie bei der registrierten Kriminalität zeigen die Fälle vor Gericht nur die Spitze eines Eisbergs, bei dem wir nicht genau wissen, wie groß die unter dem Wasserspiegel liegende Gesamtmenge ist. Um die Bedingungen solcher Selektivität und die Rolle der Gerichte bei der Behandlung sozialer Konflikte zu bestimmen, muß man drei Theorien aufeinander beziehen:

1. Eine Theorie sozialer Konflikte und die Wahrscheinlichkeit, mit der bei ihrer Austragung Rechte *thematisiert* werden[4];
2. eine Theorie der *Mobilisierung* von Recht, die bestimmt, unter welchen Bedingungen der Zugang zu rechtlichen Instanzen gefunden wird;

---

[3] Zur höheren Wahrscheinlichkeit der Normierung von Verhalten in weniger komplexen Beziehungen vgl. die Konflikttheorie von Volkmar Gessner: Recht und Konflikt, Tübingen 1976, insbesondere S. 170–183.

[4] Zum Konzept der ‚Thematisierung von Recht' Niklas Luhmann: Kommunikation über Recht in Interaktionssystemen. In: Jahrbuch für Rechtssoziologie und Rechtstheorie 6 (1980) 99–112.

3. eine Theorie des *Rechtsstreits*, die bestimmt, unter welchen Bedingungen und mit welchen Interessen sich eine Partei vor Gericht durchsetzen kann.

Im folgenden geht es in erster Linie um die Theorie der Mobilisierung von Recht. Dazu muß man auf die Bedingungen der Thematisierung von Recht in Interaktionsbeziehungen insoweit eingehen, als diese die Konfliktkonstellation für das Anrufen der Gerichte mitprägen, und man muß die Erfolgschancen der Kläger vor Gericht einbeziehen, da deren Antizipation das Verhalten der Parteien mitbestimmt.

4.2 Die Thematisierung von Recht

Für Bedingungen, unter welchen Recht mobilisiert wird, macht es einen grundsätzlichen Unterschied, ob wir von einer Situation ausgehen, die üblicherweise schon in rechtlichen Kategorien definiert wird, oder ob eine solche Definition im Laufe eines Konfliktgeschehens erst noch zu leisten ist. Aus der Sicht eines Betroffenen kann eine Situation dadurch rechtlich definiert sein, daß er von dem Gegner mit einem Rechtsakt konfrontiert wird, gegen den er sich wehren will. Dies ist etwa der Fall, wenn die Polizei eine Strafanzeige stellt, oder wenn man mit der rechtlich verbindlichen Entscheidung einer Behörde konfrontiert ist: Nach rechtsstaatlichen Prinzipien hat man hiergegen Rechtsmittel, nicht aber die Möglichkeit der Verhandlung, Überzeugung, und meist in der Situation auch nicht die Vermeidung. Nicht sehr weit davon entfernt sind die Situationen, in denen man von einem Vermieter, Verkäufer oder Arbeitgeber unter Hinweis auf rechtliche Sanktionen zur Zahlung oder zu bestimmtem Verhalten aufgefordert wird. Auch hier ist die Situation von dem Gegner rechtlich definiert worden, aber man hat möglicherweise noch eine Chance, auf informellem Wege den Konflikt zu bereinigen. Jedenfalls bedeutet in einer Sozialbeziehung mit persönlichem Kontakt die schriftliche Form unter Hinweis auf mögliche Rechtsfolgen in der Regel, daß ein Konflikt sich anbahnt und gegenseitiges Mißtrauen entstanden ist. Sehr oft steht hinter der Drohung mit Rechtsmitteln auch schon die Möglichkeit, daß damit die informelle Sozialbeziehung beendet wird.

Verrechtlichung muß in fortlaufenden Sozialbeziehungen eine aktzeptierte Interaktionsweise sein: So wie dies etwa im Behördenverkehr oder unter Geschäftsleuten der Fall ist. Allerdings zeigt sich auch hier, daß vor der rechtlichen Fixierung in der Regel ein informeller Prozeß der Vorklärungen und des Aushandelns vonstatten geht, der dann lediglich in rechtlichen Kategorien verbindlich gemacht wird. Bewegen wir uns in Verhaltensbereichen und Sozialbeziehungen, die einen solchen alltäglichen Umgang mit explizitem Bezug auf das Recht nicht kennen, dann ist das Bemühen von Recht schon ein Indikator für Konflikte, wenn nicht sogar die Ankündigung für das Ende der Sozialbeziehung. Gerichte werden herangezogen, um eine Ehe, eine Arbeitsbeziehung oder ein Mietverhältnis aufzulösen; wirklich tätig werden sie nur, wenn dies im Konflikt geschieht. Sie werden jedoch nur selten herangezogen, um diese Beziehungen selbst zu regeln.

Diese Verallgemeinerung gilt allerdings um so mehr, je mehr die Beziehung auf persönlicher Interaktion beruht. Ist der Vermieter eine große Wohungsbaugesellschaft, oder aber die Arbeitgeberfunktion weit entrückt in der Personalabteilung einer großen Organisation, dann ist die Thematisierung von rechtlichen Bedingungen eines fortlaufenden Arbeits- oder Mietverhältnisses wahrscheinlicher, als wenn es sich um einen persönlich bekannten Vermieter oder den „Chef" eines kleinen Betriebes handelt. Entsprechend ist auch die weitere Mobilisierung von Recht wahrscheinlicher in anonymen Sozialbeziehungen: Etwa im Straßenverkehr, wenn es zu einem Unfall kommt, gegenüber dem Verkäufer eines Warenhauses oder der Firma, deren Produkt man erstanden hat. Aufgrund der Anonymität der Sozialbeziehung sind Rechtsschritte bei Konflikten aus Kaufverträgen von seiten großer Gesellschaften durchaus wahrscheinlich – fraglich ist hier allenfalls, ob sich die Kosten für die rechtliche Austragung eines Konfliktes lohnen und ob man sich aufgrund der Vertrags- und Beweislage einen Erfolg verspricht.

Die Thematisierung von Recht handelt von Konfliktkonstellationen, denen implizit eine Rechtsbeziehung unterliegt. Je nach der Sozialbeziehung variiert die Wahrscheinlichkeit, mit der diese explizit gemacht wird. Nützlich ist für die Beurteilung dieser Wahrscheinlichkeit die Unterscheidung von Konfliktsituationen in:

- laufende, persönliche Sozialbeziehungen;
- gelegentliche oder anonyme Sozialbeziehungen, die möglicherweise erst aufgrund eines – meist einmaligen – Ereignisses als Konfliktbeziehung entstehen.

Selbstverständlich gibt es zwischen diesen beiden Extremtypen viele Übergänge von ‚Gelegenheitsbeziehungen', die sich zu dauerhaften entwickeln, oder von persönlichen Sozialbeziehungen, die sich lockern oder abgebrochen werden. Unabhängig hiervon entsteht für den Einzelnen ein *Rechtszwang* häufig dadurch, daß die andere Seite ihn mit rechtlichen Schritten konfrontiert. Dies ist typisch bei Sozialbeziehungen zu Organisationen – unabhängig, ob diese dauerhaft oder gelegentlich sind. Analog zur ‚reaktiven Mobilisierung' unterscheiden wir deshalb neben den Situationen, in denen jemand selbst die ersten rechtlichen Schritte einleitet, als Situationstyp:

- Situationen, in denen jemand von einer rechtlichen Genehmigung oder Entscheidung abhängig ist, oder aber mit einer rechtlichen Aktion konfrontiert ist, gegen die er sich wehren will. Grundsätzlich ist hier die Thematisierung von Recht schon durch die Gegenseite gegeben. Dies ist der Fall bei Konflikten von Privaten mit einer Behörde oder Organisation, deren Interaktionen mit der Außenwelt bürokratisiert und damit verrechtlicht sind.

Unsere Unterscheidungen erlauben uns, unterschiedliche Konfliktkonstellationen zu analysieren, in denen Recht mobilisiert werden kann. Sie sind entscheidend dafür, wer welchen Schritt zur Mobilisierung tun muß, und damit auch für die Wahrscheinlichkeit, mit der dies geschieht.

4.2.1 Fortbestehende Sozialbeziehungen

In fortlaufenden Sozialbeziehungen ist der Gang zum Gericht immer eine Eskalation, meist der Endpunkt eines längeren Konfliktprozesses. Von der Konstellation bei Klageerhebung ausgehend, muß man mehrere Stufen zurückverfolgen, wie sich der Prozeß einer Verrechtlichung entwickelt: Etwa beim Kündigungsprozeß vor dem Arbeitsgericht geht der Klage eines Arbeitnehmers der Rechtsakt einer Kündigung durch den Arbeitgeber voraus. Diese Kündigung kann betrieblich oder ökonomisch begründet sein, häufig jedoch ist sie eine Reaktion auf das Nichteinhalten des Arbeitsvertrages: Weil der Arbeitnehmer nicht die erwartete Leistung erbringt, zu häufig krank ist, oder ihm sonstiges Fehlverhalten zur Last gelegt wird. Der Vertragsbruch allein reicht dabei wohl selten als Motivation zur Kündigung, sondern die Entscheidung hierüber beruht auf einer impliziten Verhaltensbilanz: Die informellen Beziehungen zu Arbeitskollegen und deren Unterstützung spielen dabei eine ebenso große Rolle wie die Beurteilung von Vorgesetzten und die generelle Tendenz zur Beibehaltung oder zum Abbruch des Status quo von Sozialbeziehungen. Sieht man einmal von diesen informellen (meist entscheidenden) Gründen zum Abbruch einer Arbeitsbeziehung (ohne betriebliche oder ökonomische *Gründe*) ab, so findet sich dennoch in der rechtlich-relevanten *Begründung* die folgende Abfolge von Rechtsschritten wieder:

– Das Nichteinhalten von Erwartungen im Rahmen des Arbeitsvertrags;
– die daraufhin erfolgte Kündigung (mitsamt ihren Verfahrenserfordernissen wie gegebenenfalls Einschaltung des Betriebsrats usw.);
– die Klage vor dem Arbeitsgericht.

Im arbeitsrechtlichen Konflikt kann also der Arbeitgeber mit der Kündigung Fakten schaffen, auf die dann der Arbeitnehmer mit dem Gang zum Gericht antworten muß. Die juristische Konstellation des Falles ist so, daß die *Klagezumutung* in aller Regel auf der Seite des Arbeitnehmers liegt. Mit 94 % Arbeitnehmerklagen gehört das Arbeitsgericht daher zu den Gerichtstypen mit faktisch asymmetrischer Parteikonstellation[5].

Ähnlich kann man im Falle eines Räumungsstreits[6] vor dem Mietgericht die Abfolge von Interaktionen zurückverfolgen, und kommt dabei zu einer anderen Ausgangskonstellation für den Prozeß:

– Auch hier wird man als ersten Schritt das Nichteinhalten von Vertragsbedingungen ansehen, sei dies auf seiten des Vermieters, der notwendige Reparaturen nicht durchführt oder überhöhte Forderungen stellt, sei dies auf der Seite des Mieters, der wegen Fehlverhaltens aufgefallen oder mit Zahlungen in Verzug ist.

Hat der Konflikt mit Enttäuschungen über das Verhalten des Vermieters (etwa nichtausgeführte Reparaturen) begonnen, so ist der nächste Schritt auf dem Weg zur Verrechtlichung auf seiten des Mieters nicht unbedingt der Gang zum Gericht, sondern (klugerweise) die Vorenthaltung von Zahlungen – in diesem Falle also erlaubt die Konstellation der Vorenthaltungs-Möglichkeit im Mietverhältnis, die Klagezumutung dem Vermieter zuzuschieben.

Der Mieter befindet sich physisch im Besitz der Wohnung (im Gegensatz zum Arbeitnehmer, der sich den physischen Zugang zum Arbeitsplatz erzwingen müßte).

---

[5] Erhard Blankenburg & Siegfried Schönholz: Zur Soziologie des Arbeitsgerichtsverfahrens, Neuwied & Darmstadt 1979, S. 64 ff.
[6] Hartmut Hilden: Rechtstatsachen im Räumungsstreit, Frankfurt 1976, S. 64 ff.

4.2 Die Thematisierung von Recht

Der Mieter kann Zahlungen vorenthalten (im Gegensatz zum Arbeitnehmer, der solche vom Arbeitgeber einklagen müßte). Deshalb kann der Mieter dem Vermieter die Mobilisierung von Recht zuschieben. Dem entsprechen die Daten von Aktenanalysen: Bei Räumungsklagen ist es per definitionem immer, bei sonstigen Mietprozessen zu 73 % der Vermieter, der gegen den Mieter vor Gericht zieht[7].

Die juristische Ausgangskonstellation eines gerichtlichen Konflikts ist also unterschiedlich, je nachdem wer im Laufe einer Sozialbeziehung Leistungen vorenthalten kann, und je nachdem, wieweit der Abbruch einer sozialen Beziehung zunächst faktisch möglich ist, und dann juristisch nachvollzogen wird, oder ob sie zuerst mit Rechtskraft ausgestattet und dann vollzogen werden.

Jedoch muß man wiederum generell sagen, daß die juristische Konstellation bei Abbruch von sozialen Beziehungen nur den Endpunkt eines längeren Konfliktverlaufs bildet. Teilweise mögen solche Konflikte überhaupt nicht in rechtlichen Kategorien gesehen werden, teilweise mögen diese als Drohungen gebraucht, aber nie angewandt werden. Auch hier wieder gibt es juristische Unterschiede: Der Abbruch eines Arbeits- oder Mietverhältnisses gelangt nur vor Gericht, wenn eine der Parteien widerspricht (und sei dies, daß sie den Bedingungen des Abbruchs widerspricht). Anders ist dies beim Eheverhältnis: Hier besteht ein Rechtszwang, das heißt selbst bei einverständlicher Trennung kann nur das Gericht diese zu einer rechtskräftigen Scheidung machen. Dem Gang zum Gericht kann ein langer Prozeß der Zerrüttung vorausgehen, innerhalb dessen die Drohung mit rechtlichen Mitteln immer schon eine Drohung mit dem Abbruch der Sozialbeziehung ist, und es kaum vorstellbar ist, daß bestimmte Bedingungen (etwa liebevolle Zuwendung oder der Vollzug des Beischlafs) durch Recht erzwungen werden. (Dies, obwohl die Nichterfüllung solcher Erwartungen für eine Klagebegründung ausreichen können).

Die Klagezumutung liegt im Fall der Ehescheidung auf der Seite desjenigen, der das unmittelbare Interesse an der Rechtskraft einer Trennung hat. Wie wenig die gerichtliche Auseinandersetzung hier auch den tatsächlichen Konflikt widerspiegelt, zeigt sich darin, daß sehr häufig beide Parteien vereinbaren, wer die Rolle des Antragsstellers und wer die des Antragsgegners übernimmt; daß sie (wie bei der Konventionalscheidung des alten Eherechts) die Bedingungen der Trennung vorher aushandeln. Rechtszwang führt hier dazu, daß die Auseinandersetzung vor Gericht vielfach nur noch ein Ritual ist. Das Gericht wird für diese Fälle auf eine notarielle Funktion reduziert. Entsprechend gibt die Rollenverteilung vor Gericht nicht notwendig die Konfliktkonstellation wieder. Zwar werden Scheidungsklagen zu 55 % von der Frau eingereicht, zu 37 % vom Mann und zu 8 % werden sie von beiden Ehepartnern betrieben. Jedoch werden insgesamt 65 % aller Prozesse, die zum Scheidungsurteil führen, mit Zustimmung der jeweiligen Gegenpartei betrieben, so daß vor Gericht lediglich um Folgeregelungen gestritten wird, im übrigen jedoch beide Parteien gleichermaßen nur eine Beurkundung ihrer Scheidung erreichen wollen.

---

[7] Vgl. Hartmut Koch: Das Gerichtsverfahren als Konfliktlösungsprozeß – Einstellungen von Klägern und Beklagten zu Mietprozessen, Diss., Hamburg 1975, S. 75, der allerdings nur streitige Urteile und Vergleiche untersucht hat.

Die Auflösung dieser drei Arten von sozialer Beziehung – dem Arbeits-, Miet- und dem Eheverhältnis – machen einen großen Teil des Geschäftsanfalls der Gerichte aus. Jeweils hat sich vor Anrufung des Gerichts ein (oft längerer) Konflikt zugetragen, innerhalb dessen sich möglicherweise schon wiederholt die Frage der Thematisierung von Recht gestellt hat. Kommt es zur tatsächlichen Mobilisierung, wird oft schon nicht mehr daran gedacht, die Gestaltung einer weiter bestehenden Sozialbeziehung durch Recht entscheiden zu lassen. Im Eheverhältnis kann man ausschließen, daß jemand versucht, die gegenseitige Beziehung mit Hilfe einer Entscheidung auf Erfüllung oder Unterlassung zu regeln. Im Arbeitsverhältnis kommt dies vor, insbesondere, weil die Interessen von Arbeitnehmern ebenso wie von Arbeitgebern organisiert sind und die rechtliche Auseinandersetzung möglicherweise Präzedenzwirkung für weitere Konflikte hat. Eindeutig haben den Charakter solcher grundsätzlichen Regelung von Arbeitsbeziehungen nur die ‚Beschlußsachen' vor den Arbeitsgerichten, die Vermutung besteht im übrigen bei etwa einem Drittel aller Klagen in erster Instanz, daß sie Konflikte innerhalb eines fortdauernden Arbeitsverhältnisses regeln. Im Mietverhältnis ist der Anteil von Klagen innerhalb einer fortdauernden Beziehung größer[8]. Hier wie beim Arbeitsgericht steigt die Wahrscheinlichkeit einer gerichtlichen Auseinandersetzung innerhalb fortbestehender Sozialbeziehungen mit deren Anonymität: In Kleinbetrieben ist dies unwahrscheinlicher als in Großbetrieben, ebenso wie es zwischen Vermietern und Mietern, die sich persönlich kennen, unwahrscheinlicher ist als im Mietverhältnis mit einer großen Wohnungsbaugesellschaft. Wenn man annimmt, daß das Drohen mit Rechtsschritten die persönliche Beziehung zwischen Vermieter und Mieter gefährden würde, dann würde in diesem Fall hinter der Verrechtlichung eines Konfliktes sehr viel unmittelbarer die Konsequenz eines Abbruchs der Sozialbeziehung stehen, während sich eine rechtliche Auseinandersetzung im Verkehr mit einer anonymen Gesellschaft sehr viel leichter aushalten läßt.

4.2.2 Einmalige oder anonyme Sozialbeziehungen

Sozialbeziehungen unter Fremden, die situationsbedingt sind, und bei denen die Beteiligten damit rechnen, sich als Fremde wieder zu trennen, laufen nicht ohne Regeln ab. Gerade dort, wo viele kurzfristig aneinander vorbei und miteinander auskommen müssen, ist es von Vorteil, wenn alle sich an Regeln des Sozialverkehrs halten. Straßenverkehrsregeln bieten hierfür den Idealtyp: Kaum jemand wird einen Wertkonflikt daraus konstruieren, ob man rechts oder links fährt, jedoch alle sind daran interessiert, daß man eine Einigung auf das eine oder andere, und damit Vorhersehbarkeit von deren Verhalten erzielt. Wie die Regelung erfolgt, ist nicht wichtig, aber daß sie erfolgt, und daß Abweichungen durch Sanktion bestraft werden, kann zum Rechtspostulat gemacht werden und sogar affektiv besetzt sein. Zwei Arten rechtlicher Aktionen entstehen aus Verkehrsregeln:

---

[8] Elmar Steinbach: Strukturen des amtsgerichtlichen Zivilprozesses. Schriftenreihe Rechtsinformatik 15, GMD Birlinghoven 1979.

– Einmal die Sanktion von Abweichungen (wobei es nur einen technischen Unterschied macht, ob dies Straßenverkehrsvergehen sind oder Ordnungswidrigkeiten). Anzeichen für die weitgehende affektive Neutralität gegenüber solchen Delikten ist, daß ihre Entdeckung überwiegend auf den Einsatz eines polizeilichen Kontroll- und Überwachungsstabes angewiesen ist. Die private Anzeigeneigung ist nicht nur deshalb gering, weil es hierzu meist am Interesse eines Opfers fehlt, sondern auch, weil Verkehrsdelikte so ubiquitär sind, daß eine Anzeige von Unbeteiligten nur in schwerwiegenden Fällen als sozial akzeptabel angesehen wird.
– Eine zweite Quelle von Rechtskonflikten bilden Unfälle im Straßenverkehr. Hier geht es nur vordergründig um die Einhaltung von Verhaltensregeln, wichtigste Funktion des Bezugs auf Recht ist, daß eine Entscheidung gefällt wird, wer den Schaden zu tragen hat. Jedoch ist bei Verkehrssachen die Rollenverteilung wenig signifikant: Zwar klagen hier fast immer die Beteiligten an einem Verkehrsunfall gegeneinander, jedoch steht hinter beiden jeweils eine Versicherung, die für Haftungsansprüche gegen die unterliegende Partei aufkommen müßte. Zumindest in der überwiegenden Zahl der Fälle, in denen es wesentlich um einen Sachschaden geht, sind die Parteien am Ausgang ihres Prozesses wenig interessiert und überlassen es ihren Anwälten und den Parteien hinter den Parteien, den Gang des Prozesses zu bestimmen. Nur wenn es um einen versicherungsmäßig nicht gedeckten Eigenschaden oder um die Höhe der Entschädigung bei Personenverletzungen geht, haben die Parteien ein besonderes Interesse am Ausgang des Prozesses. Ansonsten können die Beteiligten am Unfall rational gesehen nur noch ein residuales Interesse an dem Konflikt untereinander haben: Etwa um nicht mit einem Verkehrsvergehen registriert zu werden und damit ihren Führerschein zu riskieren oder aber um eine Schadensfreiheitsprämie bei der Versicherung nicht zu verlieren. Die Versicherungen selbst würden sich, rational gesehen, am besten untereinander einigen, ohne die Kosten einer rechtlichen Auseinandersetzung einzugehen: Eine routinisierte Regulierungspraxis müßte die Nachteile für alle Versicherungen in der großen Zahl ausgleichen, den Bearbeitungsaufwand dagegen für alle mindern. Damit entstehen allenfalls Forderungen der Unfallbeteiligten gegen ihre Versicherungen, wenn sie mit deren Regulierungen nicht einverstanden sind.

In beiden Situationen: bei Verhaltensregulierung ebenso wie bei Schadenszurechnungen ist die Ausgangslage des Konfliktes für den Betroffenen schon rechtlich definiert; sei es, daß er sich gegen einen Bußgeldbescheid oder ein Strafmandat zur Wehr setzen will oder aber, daß er sich gegen eine Regulierung der Schuld- und Haftungszuweisung nach einem Unfall wehren will. Dazu, daß beide Arten von Konflikt von Anbeginn in rechtlichen Kategorien gesehen werden, gibt es kaum eine Alternative. ‚Mobilisierung von Recht' heißt deshalb für den Betroffenen im ersten Fall, ob er Rechtsmittel gegen eine rechtliche Aktion anderer in Anspruch nehmen will; im zweiten Fall, ob er sich einer Schuldzurechnung unter den Versicherungen beugen oder hierüber vor Gericht Beweis aufnehmen lassen will.

Allerdings handelt es sich beim Umgang mit anonymen Gegnern oder mit privaten Organisationen noch um Interaktionen, bei denen ein Widerspruch nicht unbedingt in rechtlichen Kategorien erfolgen muß, wo dies wegen des Charakters, insbesondere der Anonymität der Beziehung, lediglich sehr nahe liegt. Idealtypisch hierfür sind Kauf- und sonstige Vertragsforderungen: Die Mängelrüge bei schlechter Ware oder die Anmahnung vertraglich vereinbarter Pflichten wird bei der Erwartung einer langfristigen Geschäftsbeziehung zunächst einmal durch Kulanz geregelt werden: Kaufleute wollen – wie bei anderen Sozialbeziehungen – nicht durch die Verrechtlichung den Abbruch der Beziehungen heraufbeschwören. Je anonymer jedoch die Beziehung, je mehr sie zwischen Organisationen und Privaten stattfindet, desto mehr wird auch die Kulanz auf Regeln gebracht und desto mehr sind darüber hinausgehende Konflikte nur noch durch Verrechtlichung zu behandeln. Der Konflikt kann hier mit einer Beschwerde oder einem Brief unter Androhung von Rechtsmitteln beginnen – erfolgt hierauf kein Kulanz-Angebot, dann stellt sich die Frage der Mobilisierung von rechtlichen Instanzen: Entweder ein Gericht anrufen oder auf Interessendurchsetzung zu verzichten. Wie bei allen Verträgen, kann hierbei oft die *Klagezumutung von der einen auf die andere Seite* geschoben werden: Etwa, wenn der Rest des Kaufpreises oder die Entlohnung (im Falle eines Werkvertrages) teilweise vorenthalten wird. Auch hier gilt, daß die Mobilisierung von Recht jeweils demjenigen zugemutet wird, der Leistungen vom anderen einfordern muß: Wer im physischen Besitz einer Sache ist, sei dies ein Grundstück, sei es Geld, kann diese zunächst vorenthalten und dem anderen die Erzwingung seines Interesses mittels Recht zuschieben.

Faktisch allerdings sind Kläger- und Beklagtenrolle vor den Zivilgerichten weitgehend asymmetrisch verteilt. Bei Kaufverträgen, die den größten Anteil der Zivilsachen ausmachen, überwiegen die Prozesse, in denen der Verkäufer gegen den Käufer Zahlungsforderungen geltend macht; selten dagegen klagt der Käufer auf Lieferung oder wegen Mängeln an der gekauften Ware. Man könnte annehmen, daß dies der sozialen Verteilung von Vertragsverletzungen entspräche: Daß die Verkäufer ihre Verpflichtungen in der Regel einhalten, Käufer jedoch nicht immer den vertraglich ausgemachten Preis zahlen, insbesondere nicht, wenn Raten- oder Kreditzahlungen vereinbart worden sind. Jedoch ließe eine solche Erklärung die Dunkelziffer der Vertragsverletzungen außer acht, in denen die Partei, die das Nachsehen hat, Recht nicht für sich mobilisiert hat. Bei Verkäufern ist dies seltener der Fall, weil sich ihre Forderung auf eine eindeutig festlegbare Geldsumme beläuft und weil man dem Käufer eine Quittung als Beweis abverlangen kann. Mängelrügen aber und das Nichteinhalten von Absprachen über Nebenbedingungen einer Warenlieferung lassen sich häufig nur sehr schwer oder nicht mit Sicherheit beweisen. Hinzu kommt, daß Verkäufer oft Vielfachprozessierer sind, für die rechtliche Unkenntnis und formale Zugangsbarrieren nicht bestehen. Einige Handelsformen wie z.B. der Versandhandel oder die Zahlungserleichterung über Warenkredite, kalkulieren mit gerichtlichen Auseinandersetzungen und ihrem forensischen Vorteil. So kommt es, daß bei Kaufverträgen überwiegend (zu 73 %) Firmen als Kläger auftreten, nur zu 3 % klagt ein Privater gegen eine Firma.

Tab. 4.1. Verteilung der Parteienkonstellation bei Prozessen um Kaufverträge am Amtsgericht

Kläger	Beklagter		
	Privatperson	Firma	N
Privatperson	24 %	3 %	27 %
Firma	54 %	19 %	73 %
Summe	78 %	22 %	100 %

Quelle: Steinbach 1979, Repräsentativ für Amtsgerichte BRD 1971.

4.2.3 Gegenwehr gegen rechtliche Schritte anderer

Nicht immer ist die Entscheidung über die Thematisierung von Recht einem selbst überlassen. Häufig wird man mit einem vollendeten Schritt zur Mobilisierung von Recht durch den anderen konfrontiert. Wie wir gesehen haben, kann dies letztlich auf eigenes Verhalten zurückzuführen sein, aber bei vielen Herausforderungen bleibt zunächst offen, ob die andere Seite rechtliche Schritte unternimmt. Ist dies einmal geschehen, und kann man den anderen nicht zur Zurücknahme bewegen, muß die Gegenwehr (zumindest auch) mit rechtlichen Mitteln erfolgen. Entsprechend ist die Klägerrolle hier extrem asymmetrisch: Bei Verwaltungsgerichten ist immer, bei Sozialgerichten fast immer derjenige Kläger, der von einer Verwaltungsentscheidung, -unterlassung oder deren Folgen betroffen ist.

Die Situation, mit einem Rechtsakt anderer konfrontiert zu sein, ist immer gegeben, wenn man sich gegen Entscheidungen von Behörden (einschließlich den Anzeigen durch die Polizei) zur Wehr setzen will. Aus der Sicht des Betroffenen stellt sich jeweils die Frage, ob man die behördliche Entscheidung hinnehmen (beziehungsweise etwa eine Geldbuße bezahlen) will, oder ob man hiergegen Einspruch, Widerspruch oder Beschwerde erhebt. Da behördliche Entscheidungen in der Regel Rechtsform annehmen, werden erst durch die Gegenwehr Rechtsmittel der Konfliktaustragung mobilisiert. Trotz aller ‚Rechtsmittel-Belehrungen' in behördlichen Schreiben bestehen für den Betroffenen alle die Kompetenzbarrieren, die für die Bedingungen für die Mobilisierung von Recht insgesamt gelten. Die Resignation gegenüber den Möglichkeiten einer Mobilisierung von Widerspruchsrechten bleibt gegenüber Behörden vergleichsweise hoch. Dies führt uns im weiteren zur Betrachtung des Beratungsangebots und der Erfolgsaussichten als Bedingungen der Mobilisierung von Recht.

4.3 Der Weg zum Gericht als letzte Stufe von Problemlösungsversuchen

Unsere Daten geben Aufschluß darüber, wie häufig in verschiedenen Konfliktkonstellationen Gerichte mobilisiert werden, wie häufig direkte und informelle Einigungsversuche gemacht werden, und mit welcher Wahrscheinlichkeit die Betroffenen nachgeben oder resignieren, ohne irgendetwas zu unternehmen. Den Befragten wird dazu eine Liste von Konflikten vorgelegt, die zwar von Geringfügigkeit bis zu existenziell wichtigen Problemsituationen reichen, die jedoch potentiell alle als Rechtsfällen behandelt werden könnten. Aus verschiedenen Rechtsbereichen berichten etwa zwei Drittel der Befragten von Erfahrungen in den vergangenen fünf Jahren von einem rechtsrelevanten Konflikt. Nur zwischen 3 % und 7 % der Betroffenen sind damit vor Gericht gegangen, zwischen 3 % und 11 % der Betroffenen haben zumindest eine Rechtsberatung aufgesucht. Andere Beratungsstellen jedoch sind zwischen 15 % und 25 % konsultiert worden, wobei jeder der Konfliktbereiche spezifische Institutionen der Beratung und Interessenvertretung kennt. Direkten Kontakt zum Konfliktgegner haben zwischen einem Drittel und der Hälfte der Betroffenen aufgenommen, wobei sich wiederum nach Bereich die Erfolgsaussichten solcher informeller Konfliktlösungsversuche unterscheiden.

Besonders aufschlußreich ist der Vergleich zwischen Verbraucherproblemen (hier wurden in erster Linie Mängel bei der Anschaffung von langlebigen Konsumgütern genannt, in zweiter Linie Unzufriedenheiten mit den Dienstleistungen von Handwerkern oder Ärzten) und Problemen im Umgang mit Behörden (überwiegend handelt es sich hierbei um Klagen über schlechte Behandlung oder über schlechte Zugänglichkeit): In beiden Bereichen bildet der Gang zum Gericht (mit 3 %) eine Ausnahme, in beiden ist das Potential an Unzufriedenheit so groß, daß 13 % sagen, wenn ihnen noch einmal ähnliches passieren würde, würden sie vor Gericht gehen (ob sie dies tatsächlich wahrmachen oder nicht, sei dahingestellt). Beim Beratungsangebot jedoch unterscheiden sich beide Bereiche deutlich: Während 18 % derjenigen, die ein Konsumentenproblem genannt haben, eine Beratungsstelle aufsuchten (zu 2/3 eine Rechtsberatung, zu 1/3 eine Organisation des Verbraucherschutzes) haben die Befragten mit Behördenproblemen nur zu 9 % eine Beratung aufgesucht, andere als Rechtsberatungen gibt es dabei fast gar nicht. Der Unterschied verdeutlicht, daß die Entscheidungen von Behörden immer schon in Rechtsform ergehen, so daß als Gegenwehr dem Betroffenen rechtliche, oder doch zumindest formale Schritte zugemutet werden. Ähnlich zeigt sich der Unterschied bei den Schritten unterhalb der Schwelle des Hinzuziehens eines Dritten: 49 % derjenigen mit Verbraucher-, aber nur 29 % derjenigen mit Behördenproblemen haben den Konfliktgegner persönlich angesprochen. Während dies bei dem Kontakt mit Firmen formlos erfolgen kann, mußten diejenigen, die ihren Konflikt mit der Behörde direkt zu regeln versuchten, hierzu ein förmliches Verfahren wählen; dies taten nochmals 26 %. Entsprechend der rechtlichen Festlegung war hierbei der Erfolg nur gering: 4 % hatten Erfolg, indem sie sich an die Behörde wandten, während 16 % der Verbraucher sich im direkten Kontakt mit der Firma einigen konnten. Den mangelnden Erfolgsaussichten und formalen Hürden entspricht der große Anteil der Befragten mit Behördenproblemen, die vor ihrem Problem resignierten und nichts unternommen haben: Im Umgang mit Behörden ist eine solche Resignation mit 42 % deutlich höher als in allen anderen Bereichen.

4.3 Der Weg zum Gericht als letzte Stufe von Problemlösungsversuchen

Für die rechtlich relevanten Probleme der Mieter und Arbeitnehmer gibt es sehr viel mehr außerrechtliche Alternativen: Zwar gehen hier 3 bzw. 7 % aller in der Befragung genannten Konfliktfälle bis vor das Gericht, ungleich höher jedoch als in den anderen Bereichen ist die Inanspruchnahme von anderen Beratungsstellen, die die Interessen der jeweils sozial abhängigen Seiten in Miet-, bzw. Arbeitskonflikten sowohl kollektiv als auch individuell vertreten. Mietvereine ebenso wie Gewerkschaften üben Schlichtungsfunktionen aus, die rechtliche Auseinandersetzungen vermeiden, und sie bieten auch Rechtsberatung und Vertetung vor Gericht für die individuelle Rechtsdurchsetzung an. Daß 15 % bzw. 27 % der Befragten solche Beratungsstellen aufgesucht haben, mag erklären, daß in diesen Bereichen die Inanspruchnahme von Gerichten ein wenig höher ist und daß das Potential derjenigen, die einen solchen Fall ‚beim nächsten Mal' bis vor das Gericht tragen würden, hier kleiner, d.h. Rechtsmöglichkeiten besser ausgeschöpft sind. Dennoch macht sich das größere Beratungsangebot nur als Steigerung von wenigen Prozent Gerichtshäufigkeit bemerkbar, wesentlich häufiger und erfolgreicher dagegen ist der Versuch der Einigung im direkten Kontakt mit dem Konfliktgegner. Mit dem Vermieter haben sich dabei 13 % der Befragten mit Mietproblemen auf eine Konfliktlösung geeinigt, bei Arbeitnehmerproblemen haben dies 22 % in unmittelbarem Kontakt mit Kollegen oder direkten Vorgesetzten getan. 43 % haben andere betriebliche Instanzen in Anspruch genommen, zu etwa gleichen Teilen beim Betriebsrat als eigener Interessenvertretung, oder aber bei der Personalstelle in Stellvertretung für den Arbeitgeber. Dahinter steht, daß in größeren Betrieben Konflikte schon in intern formalisierter Form abgehandelt werden, so daß zwischen Groß- und Kleinbetrieben erhebliche Unterschiede in der sozialen Distanz und daher auch der Chance bei Verrechtlichung bestehen. Ähnliches gilt für die unterschiedliche Konfliktbehandlung von großen Wohnungsbaugesellschaften und kleinen Hausbesitzern, die ihre Mieter oft persönlich kennen. Die Formalisierung von Konflikten in Großorganisationen muß dabei nicht zu einer höheren Inanspruchnahme der Gerichte führen (wie es der allgemeinen These des Zusammenhangs zwischen sozialer Distanz und Verrechtlichung entspricht), sondern die formalisierten Konfliktentscheidungen können die Gerichte geradezu entlasten. Verrechtlichung ist in solchen Fällen ‚internalisiert', die Gerichte erhalten Konfliktfälle nur noch durch den Filter der erfolglosen Beilegungsversuche im vorgerichtlichen Raum.

4.3.1 Der Zugang zu Rechtsanwälten und Gerichten

Wenn man die Daten über Konfliktkonstellationen (soweit sie uns in einer Befragung angegeben werden) und die alternativen Versuche zu ihrer Lösung erklären will, so verweist dies zurück auf die Konstellation, in der ein Konflikt entsteht, und darauf, wem jeweils der entscheidende Schritt zur Mobilisierung von Recht zufällt. Die weiteren Schritte jedoch muß man mit Verhaltenstheorien bestimmen, wobei sowohl die Sozialmerkmale der jeweils Betroffenen, deren Kostenkalkül und auch die Infrastruktur von Beratungsangeboten die Defizite in den Fähigkeiten ausgleichen können, rechtliche Möglichkeiten zu erkennen und zu nutzen. Wir können die Analyse fortsetzen mit Fragen an die Motivationsbarrieren und Schwellen, die vor dem

Tab. 4.2. Rechtliche und außerrechtliche Lösungsversuche bei Problemen

Es haben Probleme genannt	Davon haben			Eine Beratung aufgesucht			Beim nächsten Mal würden vor Gericht gehen
N = 100 %	Nichts unternommen/ nachgegeben	Kontakt mit Gegner aufgenommen	Darunter: „mit Erfolg‟ geeinigt	Allg. Beratung	Rechts-beratung	Gerichts-prozeß geführt	
mit Behörden (502)	42 %	Persönlich: 29 % Förmlich: 26 %	4 %	1 %	8 %	3 %	13 %
als Verbraucher (518)	26 %	49 %	16 %	6 %	12 %	2 %	13 %
als Mieter (543)	23 %	48 %	13 %	27 %	11 %	3 %	7 %
als Arbeitnehmer (369)	24 %	Persönlich geeinigt: 22 % Betriebliche Instanzen angerufen: 43 %		15 %	5 %	7 %	10 %

Quelle: Eigene Befragung in West-Berlin 1979, Zufallsauswahl aus allen Haushalten mit Deutschen. Mehrfachnennungen, % jeweils bezogen auf Personen, die im jeweiligen Bereich ein Problem nennen.

4.3 Der Weg zum Gericht als letzte Stufe von Problemlösungsversuchen 53

Zugang zu Gericht oder auch zu einer Rechtsberatung liegen. Viel ist darüber geschrieben worden, daß solche Barrieren desto besser zu überwinden sind je höher die Schulbildung ist, je mehr Kontakt zum Recht und auch zu Rechtsanwälten besteht und daß, da das Angebot von Rechtsberatung und Erfordernisse des formalen Rechtsverkehrs auf die Fähigkeiten der Mittelschicht eingerichtet ist, solche Barrieren sich für untere Sozialschichten diskriminierend auswirken.

Diese Theorien des ‚Zugangs zum Recht' betrachten die Wechselwirkungen des Angebots rechtlicher Instanzen und der Dispositionen und Fähigkeiten von Rechtsuchenden, von einem solchen Angebot Gebrauch zu machen. Sie sprechen von „Barrieren" des Zugangs zum Recht, die in der Sprache der Juristen, in Formvorschriften und Verfahrensvoraussetzungen liegen. Sie wenden die gleichen Kriterien an Institutionen der Rechtsberatung an, etwa wenn sie feststellen, daß Rechtsanwälte sich in der Form ihres Beratungsangebots in erster Linie an obere und mittlere Sozialschichten wenden. Vom Juristen wird dabei in erster Linie die ‚Kostenbarriere' gesehen, die eine Partei davon abhalten kann, sich an einen Rechtsanwalt zu wenden[9]. Jedoch heben alle Versuche, den Zugang zu Gericht durch Kostensubvention zu erleichtern, nicht die sozialen Barrieren auf. Dies zeigen schon die Erfahrungen mit dem ‚Armenrecht' (mit dem für Einkommensschwache die Prozeßkosten subventioniert werden), daß solche Programme in erster Linie in Anspruch genommen werden, wenn Rechtszwang oder Ämter als ‚Parteien hinter der Partei' die Mobilisierung von Instanzen unumgänglich gemacht haben: So dient das Armenrecht in erster Linie der Prozeßkostenerstattung von Ehescheidungen und von Unterhaltsprozessen, wo Prozeß und Armenrechtsverfahren häufig von dem Sozialamt für die Klägerin betrieben werden[10].

Bei Rechtskonflikten, die in fortbestehende Sozialbeziehungen eingreifen, kann man annehmen, daß ein Kalkül der sozialen Kosten-Nutzen-Relation wichtiger ist als die finanzielle Aufwendung und der Streitwert, um den es im Prozeß geht. Man kann sie verdeutlichen an der Frage, wieweit eine Rechtsschutzversicherung die Prozeßmotivation beeinflußt: Sie spielt bei Konflikten, die aus fortbestehenden Sozialbeziehungen resultieren, erst sehr spät eine Rolle. Erst wenn der Konflikt soweit gediehen ist, daß die sozialen Kosten des Rechtswegs in Kauf genommen werden (das heißt auf vielen Rechtsgebieten, wenn der Abbruch der Sozialbeziehung riskiert wird), kann ein rein finanzielles Kosten-Nutzen-Kalkül einsetzen: Lohnt sich ein Rechtsanwalt und ein Gerichtsprozeß angesichts des Streitwerts und der Erfolgsaussicht eines Prozesses?

Auch hier mag das Kalkül nicht allein in Geldwährung vollzogen werden, sondern von affektiven Momenten überlagert sein („Dem zeige ich es, gleich, was es kostet"), jedoch sollte man hier die Unterstellung eines rationalen Kalküls erwarten, daß die Fortnahme des finanziellen Kostenrisikos durch die Rechtsschutzversiche-

---
[9] Explizit bei Gottfried Baumgärtel: Gleicher Zugang zum Recht für alle, Köln 1976, S. 113–128.
[10] Lutz Müller-Alten: Reform der Prozeßkostenhilfe in Familiensachen. In: Zeitschrift für Rechtspolitik, 1984, 306–311.

rung die Prozeßwahrscheinlichkeit erhöht. Tatsächlich zeigen unsere Befragungen[11], daß Rechtsschutzversicherte häufiger Rechtsanwälte und Gerichte in Anspruch nehmen. Jedoch läßt sich eine solche Korrelation nicht alleine als Auswirkung der Versicherung auf das Verhalten interpretieren, vielmehr muß man zugleich auch Indikatoren für die umgekehrte Kausalrichtung anführen, nach der sich Rechtsschutzversicherte überwiegend aus denjenigen rekrutieren, die ohnedies am ehesten Kenntnisse über und Kontakt zu Recht und juristischen Institutionen haben. Einen Anhaltspunkt für die ‚Rekrutierungsthese' bieten die Daten darüber, daß Rechtsschutzversicherte auch häufiger beruflich bei Gericht zu tun haben, besonders deutlich allerdings, daß sie häufiger beim Rechtsanwalt waren. In diesen Rahmen gehört auch, daß sie ebenso häufiger von anderer Seite verklagt worden sind, wie sie häufiger selbst vor Gericht gehen. Rechtsschutzversicherte haben passiv wie aktiv mehr Kontakte zum Recht, ohne daß dabei die selbsttätige Mobilisierung überproportional herausragen würde.

Das Abschließen einer Rechtsschutzversicherung steht also im Kontext mit insgesamt häufigerem Rechtskontakt. Auf der einen Seite reift der Entschluß hierzu, nachdem Erfahrungen mit Rechtsanwalt und Gerichten gemacht wurden, zugleich aber erhöht eine solche Versicherung die Wahrscheinlichkeit weitere Mobilisierung von Rechtsanwälten und Gerichte.

Rechtsschutzversicherungen allerdings werden nur selektiv in wenigen Lebensbereichen in Anspruch genommen. Zwei Drittel aller Fälle, in denen Rechtsschutzversicherungen in Anspruch genommen werden, stehen im Zusammenhang mit dem Autobesitz, wobei etwa 40% auf die Gegenwehr gegen Ornungsstrafen und strafrechtliche Verfolgung im Zusammenhang mit dem Verkehrsverhalten entfallen, 25% auf zivilrechtliche Streitigkeiten nach einem Verkehrsunfall.[12] Die Übernahme des Kostenrisikos durch eine Versicherung erhöht also in erster Linie im Bereich der anonymen Sozialbeziehungen die Wahrscheinlichkeit der Mobilisierung von Recht.

In anderen Rollenbereichen etwa als Verbraucher, als Mieter oder als Arbeitnehmer beobachten wir bei Rechtsschutzversicherten zwar auch eine höhere Inanspruchnahme von Rechtsanwälten und Gerichten, zugleich jedoch nehmen die Versicherten auch alternative Formen der Beratung erhöht in Anspruch. Sie sind also insgesamt aktiver; hierunter fällt, daß sie auch eher eine Rechtsschutzversicherung abschließen; das damit entfallende Kostenrisiko hält sie jedoch nicht davon ab, andere Konfliktlösungsmöglichkeiten zu versuchen, bevor sie zum Rechtsanwalt gehen (oder auch anstatt zum Rechtsanwalt zu gehen).

Die Abnahme des Kostenrisikos ist also nur ein Teil der Kompensation von Zugangsbarrieren. Sie wirkt nur dort, wo die finanziellen Kosten ausschlaggebend und keine sozialen Kosten der Belastung einer Beziehung in Rechnung gestellt werden müssen. Sie hebt auch die Barriere nicht auf, daß Betroffene nicht die Fähigkeit haben, ein Rechtsproblem als solches zu erkennen oder einen Rechtsanwalt zu finden.

---

[11] Erhard Blankenburg & Jann Fiedler: Die Rechtsschutzversicherungen und der steigende Geschäftsanfall der Gerichte, Tübingen 1981.
[12] So auch Wolfgang Jagodzinski et al.: Rechtschutzversicherung und Rechtsverfolgung, Köln 1994, deren Studie allerdings bei Zivilprozessen allgemein eine etwas höhere Prozeßneigung von Versicherten gegenüber Nicht-Versicherten ausweist.

Tab. 4.3. Kontakte mit Gerichten/Anwälten und Rechtsschutzversicherung

Befragter	Rechtsschutzversicherung abgeschlossen		
	Allg. Familien-rechtsschutz	Nur Auto-rechtsschutz	Keine
N = 100 %	22 % 180	11 % 88	67 % 548
Hat schon einmal Klage erhoben	28 %	16 %	15 %
Ist schon einmal verklagt worden	21 %	15 %	13 %
Hat beruflich mit Gericht zu tun gehabt	11 %	12 %	6 %
Hat als Zeuge mit Gericht zu tun gehabt	38 %	25 %	20 %
War schon einmal beim Rechtsanwalt	63 %	44 %	36 %
War schon einmal beim Notar	28 %	27 %	20 %

Quelle: Eigene Befragung in Berlin (West) 1979, Zufallsauswahl aus allen Haushalten mit Deutschen.

Daher ist auch bei den Rechtsschutzversicherungen nicht nur die finanzielle Risikoübernahme für die Zugangsverbesserung zum Recht maßgeblich, sondern auch die Auskunftshilfe zum Verweis an einen bestimmten Rechtsanwalt. Unsere Befragung hat gezeigt, daß je nach Rollenbereich unterschiedliche und insgesamt eine Vielzahl von vermittelnden Institutionen aufgesucht werden, die in unterschiedlichem Maß an Rechtsanwälte oder auch direkt an Gerichte verweisen. Man kann solche Differenzierung zusätzlich auch sozialspezifisch vornehmen: Für die Kompensation von Zugangsbarrieren ist entscheidend die Form, in der Rechtsberatung angeboten wird. Dort wo es Programme für die Subvention außergerichtlicher Rechtsberatung gibt (wie in England, Kanada, den USA, Schweden und den Niederlanden), haben sich neben den traditionellen Anwaltskanzleien sehr schnelle neue Formen von Rechtsberatung entwickelt, die sich auf die Rechtsprobleme sozial Schwacher spezialisiert haben. Dabei entwickeln sie Strategien, nicht nur das rechtliche Interesse in einem Einzelfall zu vertreten, sondern die Probleme von Mieter- oder Arbeitnehmergruppen, oder auch die sozialen Spannungen eines Stadtviertels zu thematisieren. Die Mobilisierung rechtlicher Instanzen bildet in solchen Gruppen häufig nur einen Teil der Strategie, die durch Aktivitäten in einer politischen Arena ergänzt wird.

Rechtshilfeeinrichtungen, die sich ganz gezielt der Interessen bestimmter sozialer Gruppen annehmen, haben selbst in Deutschland eine Tradition: So haben die Gewerkschaften die Rechtsberatung von Mitgliedern in einzelnen Konflikten mit der Durchsetzung kollektiver Arbeitnehmerinteressen verknüpft, ebenso haben Mietervereine oder Konsumentenschutz-Organisationen sich auf die Vertretung der Seite sozial Schwächerer in einer bestimmten Interessenkonstellation spezialisiert, und vertreten diese sowohl durch individuelle Beratung und Prozeßvertretung als auch auf der politischen Ebene von publizistischer und lobbyistischer Aktivität.

Diese Kombinationen von individueller Rechtsdurchsetzung mit politischen Strategien zeigen den fließenden Übergang der Mobilisierung von rechtlichen Instanzen zur Veränderung von geltendem Recht: Dort wo bestehende Rechtsansprüche bislang überwiegend im Dunkelfeld der Nicht-Inanspruchnahme verblieben sind, entstehen mit zunehmender Mobilisierung für die Rechtsdogmatik neuartige Fragestellungen, die sowohl Rechtsprechung als auch Rechtsetzung in Bewegung setzen können. Aus diesem Grund kann man erwarten, daß mit Veränderungen der Infrastruktur von Zugangsinstitutionen zum Recht diese auch im materiellen Inhalt unter Veränderungsdruck gerät.

4.4 Moralische Schuldzuschreibung und rechtliche Zurechenbarkeit: die Oxford Studie zu den Folgen von Unfall und Krankheit[13]

Nachdem Untersuchungen über die vielen Barrieren auf dem Weg zum Recht die Kenntnis über den Umfang des Eises unter dem Wasser, auf dem der sichtbare Eisberg der Gerichtsverfahren schwimmt, zutage gefördert hat, kann die Verfahrenssoziologie den gewaltigen Berg auf die Spitze stellen: Wir sprechen jetzt von dem *Trichter*, der oben meist unübersehbar breit, dessen Grenzen schwer operational zu definieren sind, und der unten einen engen Zapfen von streitig gewordenen oder gar gerichtlich anhängigen Fällen formt. Ob die gerichtlich anhängigen Fälle einige Prozent, einige Promille oder noch weniger der Grundgesamtheit ausmachen, hängt stets davon ab, wie die Ausgangsbasis der „rechtlich relevanten Fälle" definiert wird. Identifizierbarkeit für empirische Untersuchungen ist dafür meist ausschlaggebend.

Daß die Spitze so nadeldünn ist, bringt mit sich, daß alle Erhebungen, die den gesamten Weg zum Recht nachzeichnen wollen, von ungeheuer großen Fallmengen ausgehen müssen. Die Oxford-Studie hatte sich zum Ziel gesetzt, alle Ereignisse, die „in den letzten zwölf Monaten dazu geführt haben, daß jemand vierzehn Tage oder länger unfähig war, seiner gewohnten Arbeit, Ausbildung und sonstigen Tätigkeiten nachzugehen", zu erfassen. Sie mußte hierzu 15 000 Haushalte befragen, nach Ausfällen und Verweigerungen blieben ihr 12 217 Interviews, die über 35 085 Individuen Auskunft gaben. Von diesen waren 3 630 in den vorausgegangenen zwölf Monaten tätigkeitsgehindert, mithin etwa 10 % der Bevölkerung. 60 % davon entfielen allein auf Krankheiten, 34 % auf Unfälle im Haus und bei Freizeitaktivitäten, 4 % auf Arbeits- und 2 % auf Verkehrsunfälle. Der Trichter will es, daß allein die letzteren beiden eine gute Chance haben, einem anderen als Verursacher zugerechnet zu werden, und daß ein anderer für den Schaden herangezogen wird. Die Gründe liegen schon in den sozialen Definitionen von „Krankheit" und „Unfall" beschlossen: Wer „krank" ist, hat sich dies selber zuzuschreiben (auch wenn ein anderer mit daran „schuld" ist); bei Unfällen jedoch wird nach Ursache und Schuld gesucht, sei es um diese in Zukunft zu vermeiden, sei es um Verantwortungen zuzuschreiben. Interessant jedoch ist, daß bei den weitaus häufigsten Unfällen, denen im Haus und in der Freizeit, kaum jemals Schadenszuschreibungen erfolgen, bei Arbeits- und Ver-

---

[13] Donald Harris et al.: Compensation and Support for Illness and Injury, Oxford Univ. Press 1983.

4.4 Moralische Schuldzuschreibung und rechtliche Zurechenbarkeit

kehrsunfällen dagegen – wenn auch nicht meist, so doch – zu einem erkennbaren Ausmaß:

Es gelang einen Teil des Personenschadens aus Unfall einem anderen (Verursacher/Verantwortlichem/Versicherung) in Rechnung zu stellen:

- bei 2 % aller Haus- und Freizeitunfälle,
- bei 19 % aller Arbeitsunfälle, und
- bei 29 % aller Verkehrsunfälle.

Die unterschiedliche Möglichkeit, andere für einen Unfallschaden heranzuziehen, sind dabei keineswegs daraus erklärbar, daß in so unterschiedlichem Maße auch ein anderer „schuld" sei; vielmehr meinen nur die Hälfte aller, die einem anderen die Schuld für ihren Unfall zuschreiben, dieser könne doch nicht für den Schaden herangezogen werden. Schuldzuschreibung und Schadensanrechnung sind nur teilweise identisch.

Tab. 4.4. Ist jemand anders „schuld" und soll jemand anders Schadenersatz leisten? (nur Unfälle)

	Schadenersatz fordern?	Ja	Nein	N = 1 014
Schuld?	Ja, derselbe, der zahlen müßte	20 %	10 %	38 %
	Ja, ein anderer als wer zahlen müßte	8 %	./.	
	Nein	10 %	52 %	62 %
				100 %

Etwa die Hälfte aller, die einen ernsthaften Unfall erlitten haben, behandeln diesen wie eine Krankheit: Niemand anders ist *schuld*, es wird auch niemand für den Schaden angesprochen. Weitere Korrelationen machen deutlich, daß hier in erster Linie die Unfälle in Haus und Freizeit zu finden sind. Auch bei den 20 %, die denjenigen für Schadensersatz heranziehen wollen, den sie auch als *Schuldigen* bezeichnen, herrscht Übereinstimmung zwischen beiden Zuschreibungen. In Wahrscheinlichkeiten ausgedrückt: Wer keine Schuld zuschreibt (und das sind die meisten), wird mit hoher Wahrscheinlichkeit auch keine Schadensersatzforderung stellen (52 von 62 = 84 %), aber wer jemandem die Schuld an seinem Unfall zuschreibt, über den kann man keine Voraussage wagen: Mit fast gleicher Wahrscheinlichkeit wird er vom *Verursacher* Schadenersatz fordern (20 von 38 = 52 %) oder wird er es nicht tun (18 von 38 = 48 %).

Die Abweicher von der Erwartung, daß Schuldzuschreibung und Schadensersatzforderung zusammenfallen, sind natürlich von besonderem Interesse: Bei den 8 %, die jemand anderen als den Schuldigen zur Kasse bitten, liegt die Rechnung noch einfach: Meist richtet sich die Schadensersatzforderung gegen eine Versicherung; oft auch gegen den Arbeitgeber, dem man zwar keine direkte Schuld zuschreibt, der dennoch für Schaden haftbar gemacht wird, der im Rahmen der Arbeitstätigkeit entsteht.

Hinzu kommen jene 10%, die zwar einen Schuldigen benennen, aber niemandem zu Schadensersatz heranziehen wollen. Meist sind dies Unfälle, bei denen der andere persönlich bekannt ist, oder aber der Schaden wird als geringfügig angesehen – beides Gründe, um von Schadensforderungen abzusehen.

Insgesamt bleiben daher nur 20%, die eine Schuldzuschreibung mit einer Schadensersatzforderung verbinden, und auch hier meint noch die Hälfte, daß dem anderen kein Vorwurf zu machen sei – die Schuldzuschreibung geschieht im Hinblick auf eine daran geknüpfte Haftung, nicht im Sinne einer irgendwie moralischen Schuld. Haftung wiederum bedeutet bei weitem nicht, daß für den entstandenen Schaden auch aufgekommen werden muß. Im Privatrecht spricht man von einer weitgehenden Haftungsersetzung durch Versicherungsschutz, womit nicht in erster Linie die Haftpflichtversicherungen, sondern die Kollektiven Versicherungen gegen Unfallschäden, Kranken- und Sozialversicherungen gemeint sind. Die Kosten, die ein Unfall verursacht, entstehen bei der ärztlichen Versorgung – diese ist durch Krankenversicherungen weitgehend gedeckt –; im Arbeitsfall – diese ist im Rahmen des Arbeitsvertrags kollektiv versichert –; und in langfristiger Behinderung – für die ebenfalls kollektive Sicherungen des Wohlfahrtsstaats eintreten.

Allerdings gelten alle diese Sicherungen in erster Linie für diejenigen, die erwerbstätig sind. Sie können einen Teil der Kosten als „Krankheit" ihrem Arbeitgeber oder der an den Arbeitsplatz gebundenen Versicherung anlasten. In der britischen Umfrage geben drei Viertel aller Vollbeschäftigten an, Leistungen aus Sozialer Versicherung bei längerdauernder Krankheit gleichermaßen wie nach einem ernsthaften Unfall zu erhalten, jedoch kommen nur 18% der Teilzeitbeschäftigten, 11% der Hausfrauen und 5% derer in Ausbildung in den Genuß solch kollektiven Versicherungsschutzes. Gleich ob Krankheit, Unfall im Haus, im Verkehr oder am Arbeitsplatz – die Vollbeschäftigten sind besser versichert und der Schaden aus ihrem Unfall wird unabhängig von Zustandekommen oder Schuld getragen.

Wer nicht im Rahmen einer Vollbeschäftigung gegen Unfallfolgen versichert ist, hat in der Regel nur die Krankenversicherung für die medizinischen Kosten, alle anderen trägt er (öfter noch: sie) selbst. In Härtefällen treten zwar die gemeindlichen Wohlfahrtseinrichtungen ein, aber nur wenige Unfallopfer nehmen diese in Anspruch (4–5% nach Arbeits- und Verkehrsunfällen, jedoch 8% nach Unfällen in Haus und Freizeit, bei allgemeinen Krankheiten dagegen 17% – dabei vor allem die älteren über 65 Jahre). Private Unfallfolgeversicherungen haben nur 14% aller Briten (eher die Selbständigen und besser Verdienenden, kaum die durchschnittliche Hausfrau), aber nur ein Drittel der Versicherten macht Schaden geltend bei der ernsthaften Krankheit/dem Unfall, die sie im vergangenen Jahr erlitten hatten (weitgehend wohl, weil die Police das betreffende Risiko nicht deckte, jedoch bleibt hier eine große Dunkelziffer von ahnungsloser Nicht-Inanspruchnahme trotz Versicherung).

Erhellend ist auch die Korrelation, daß es nicht von der Höhe des erlittenen Schadens abhängt, ob jemand anderem Schuld zugeschrieben oder der Schaden angelastet werden kann: Die Folgen kleinerer Unfälle können leichter zugerechnet werden als die eher schweren Belastungen von längerdauernden Krankheiten. Selbst unter den Unfällen allein gilt diese Regel, daß geringere Schäden größere Chancen der Schadenszuschreibung oder Versicherung haben. Dies ist in erster Linie Folge des sozialen Zusammenhangs, in dem die Unfälle sich ereignet haben: Verkehrsunfälle etwa am Arbeitsplatz sind vom Arbeitgeber versichert, die Gewerkschaftsvertretung nimmt sich der Interessen ihrer Mitglieder an, entsprechend besser ist auch deren Vorinformation, daß sie einen Anspruch geltend machen können und an wen sie sich wenden müssen (auch falls dieser bestritten wird). Der Vergleich von Unfällen am Arbeitsplatz und solchen außerhalb dieses Zusammenhangs macht deutlich, wie sehr das Erhalten von Schadensersatz abhängt von dem Zugang zu Rechtsberatung und Rechtsvertretung. Nur wenige der Befragten allerdings sind zu einem Anwalt gegangen, um Rat einzuholen. Die Regel ist, erst einen Kollegen oder Verwandten zu fragen, dann zur Versicherung, zum Arbeitgeber und – weitaus am häufigsten – zu den Gewerkschaften zu gehen (wie in vielen Ländern beraten die englischen Gewerkschaften auch bei nicht arbeitsverbundenen Rechtsproblemen). Zum Anwalt gingen die Befragten erst, wenn direkte Versuche, ihren Anspruch durchzusetzen, ohne Erfolg geblieben waren.

Immerhin: von 1 177 Unfallopfern suchen etwa 200 bei einem Anwalt Hilfe, um Schadensetsatzforderungen zu stellen. In der gesamten Umfrage ist lediglich in 10 Fällen ein Gericht angerufen worden. Fünf dieser Fälle hatten notariellen Charakter: Der Richter wurde ersucht, einen außergerichtlichen Vergleich rechtskräftig zu machen, entweder weil eine der Parteien minderjährig war (3 Fälle) oder nachdem ein Vergleich durch die Rechtsanwälte unmittelbar vor der Verhandlung erreicht worden war (2 Fälle). Mithin bleiben fünf Fälle, in denen vor Gericht streitig verhandelt wurde. Daß von diesen vier gewonnen und ein Prozeß vom Kläger verloren wurde, ist nur noch anekdotische Information: Selbst bei einer Ausgangspopulation von mehr als 1000 Unfällen und etwa 200 Fällen, in denen um eine Schadensvergütung verhandelt wurde, bleiben zu wenig gerichtsanhängige Fälle, um statistisch signifikante Aussagen zu machen. Die Untersuchung stellt damit fest, daß die Gerichte allenfalls Einfluß haben, indem ihre Rechtsprechung vorweggenommen und ihre Verfahren vermieden werden.

Wer also mit einer rechtstatsächlichen Untersuchung zur Haftung nach Unfällen beginnt, endet in zweierlei Hinsicht bei einer Untersuchung zu den Systemen moderner Versicherungen: Einmal, weil der größere Teil aller Unfallschäden durch – meist kollektive – Versicherungen getragen ist, mithin von den Fragen der Verursachung, Schuld und Haftung nicht mehr berührt wird. Dort wo diese aber eine Rolle spielen, werden sie wiederum durch Regelungsangebote von Versicherungen entschieden, im Konfliktfall durch Unterhandlungen zwischen diesen und Anwälten. Rechtsfragen sind hierbei selten Gegenstand der Diskussion, meist wird im Tauziehen über Beweis- und Taxierfragen des Mitverschuldens ein Kompromiß ausgehandelt.

4.5 Soziale Funktionen von Zivil- und Strafrecht im Vergleich

Trotz aller sozial-kompensatorischen Absicht von Konsumentenschutz, Mieterschutz oder Kündigungsschutz am Arbeitsplatz verstärkt die Mobilisierung von Gerichten soziale Ungleichheiten mehr als daß sie sie ausgleicht. Dies ist besonders der Fal, wenn Strafrecht und Zivilrecht kombiniert wirken. Verallgemeinernd ist deshalb immer wieder vorgerechnet worden, daß die Kontrollrichtung des Rechts in erster Linie von ‚oben' nach ‚unten' verläuft. Generell ist eine solche Aussage nichts Neues, doch lohnt sich, genauer nachzugehen, welches der Mechanismus ist, mit dem soziale Verteilungswirkungen rechtlicher Verfahren zum Tragen kommen, und unter welchen Bedingungen sich nicht intendierte Kumulationen einstellen. Gerichtliche Kompetenzabgrenzungen bringen es mit sich, daß viele Regelproduzenten nur den Bereich der Normen übersehen, für den sie gerade zuständig sind – die Wirkung rechtlicher Sozialkontrolle jedoch erweist sich typisch erst, wenn man den Verweisungen folgt und die Kette von Rechtsfolgen ausmißt, die eine Verstrickung in rechtliche Verfahren mit sich bringt.

Einige Wiener Rechtssoziologen haben aufgewiesen, daß die soziale Marginalisierung durch Recht häufig durch Verschränkungen von straf- und zivilrechtlichen Kontrollformen zustande kommen[14]. Nicht ohne Vorkenntnis, wo solche Wechselwirkungen zu finden sind, haben die Wiener sich auf Untersuchungen zum Betrug, zur Schuldbeitreibung und zum Unterhalt konzentriert. In den Akten von häufig wiederkehrenden Schuldnern fanden sie oft dieselben Namen wie beim Betrugsdezernat der Staatsanwaltschaft, bei säumigen Unterhaltszahlern fanden sie häufig auch andere Schuldbeitreibungsverfahren, und damit systemgetreu dann auch wieder Strafverfahren wegen Unterhaltsversäumnis. Sie weisen damit auf die Kumulationen, mit denen zivilrechtliche und strafrechtliche Verfahren Grenzlinien ziehen, die – ohne daß dies im einzelnen Verfahren deutlich wird – insgesamt eine Spirale der sozialen Marginalisierung ziehen.

Deutlich wird dies, wenn sie analysieren, gegen wen in Wien Anzeigen wegen Betrugs erstattet werden – und gegen wen typischerweise nicht. Wie wir oben gesehen haben, ist Betrug ja ein Delikt, bei dem die Ambivalenz der Entdeckung den größten Teil des Dunkelfeldes erklärt. Obwohl Massendelikt im alltäglichen Umgang, ist eine Anzeige wegen Betrugs dennoch selten. Irreal ist meist schon die Entdeckungschance: Wer erfolgreich getäuscht ist, wird nie erfahren, Opfer eines Betrugs geworden zu sein; wer es erfährt, hat in der Regel Beweisschwierigkeiten; wer es beweisen kann, zieht neben dem Schaden auch noch den Spott auf sich; wer dennoch wegen Betrugs anzeigt, tut dies unter ganz besonderen Umständen. „Unprofessionell" nennen deshalb die Wiener die Betrugsanzeige. Die Geschäftsleute, die sich ihrer bedienen, sind Gastwirte, Videotheken, Vermieter, die sich „erstaunlich sorglos" verhalten haben, und nun eine Erwartungsenttäuschung normativ abzuarbeiten suchen. Banken oder Versandhäuser, die sicherlich zu den regelmäßigen Betrugsopfern gehören, tauchen unter den Anzeigestellern nur selten auf. Aber auch Private skandalisieren erst als Betrug, nachdem andere Versuche der Enttäuschungsabwicklung fehlgeschlagen sind. Für sie gehört die Mobilisierung des Strafrechts zu den denkbar unwahrscheinlichen Strategien. Eher lassen sie anderen Schuldbeitreibungsversuchen den Vorrang; das strafrechtliche Verfahren kann bestenfalls einmal

---

[14] Wolfgang Stangl et al.: Sozialwissenschaftlicher Systemvergleich Zivilrecht – Strafrecht, Institut für Rechts- und Kriminalsoziologie, Wien 1990.

als wohlfeiler Ermittlungsweg und als Drohmittel eingesetzt sein, um letztlich von einer Anzeige doch abzusehen.

Unter allen Betrugsanzeigen, die dennoch eingehen, enden zwei Drittel mit Einstellung bei der Staatsanwaltschaft, nur ein Drittel wird verurteilt. In der Regel geht der Anzeige eine längere Geschichte voraus: Erst eine soziale Beziehung macht die Täuschung möglich, die dann als ‚Betrug' definiert wird; Täuschung beruht auf Vertrauen, seine Enttäuschung führt zum sozialen Abbruch; dem Anzeigenden geht es um mehr als die bloße Begleichung eines Vermögensschadens. Bei Strafanzeigen wegen Unterhaltssäumnis ist es ähnlich: Sie gilt als letztes Mittel, nachdem Drohungen und Pfändungen ausgeschöpft sind. Zivilrecht und Strafrecht zusammen sind dann die ‚ultima ratio' des Moralisierens, Abbrechens und Ausgrenzens.

Die Handlungslogik der Mobilisierung des Strafrechts unterscheidet sich hier nicht von der des Zivilrechts. Die potentiellen Kläger messen die Folgen gerichtlicher Verfahren an ihrem Interesse an eventuell fortlaufenden Sozialbeziehungen, sie wägen Schuldfragen gegen Fragen der sozialen Folgen. Im Verfahren selber allerdings behalten sie im Zivilprozeß – anders als bei Strafprozessen – länger die Kontrolle über den Fortgang. Deshalb müssen wir über die Strategien der Mobilisierung von Gerichten hinaus im folgenden auch die Strategien im Verfahren selbst untersuchen.

5. Soziologie von Gerichtsverfahren

Wenn schon die Thematisierung der Möglichkeit, daß ein Streit vor Gericht getragen werden könnte, das Verhältnis zwischen den Parteien verändert, dann tut dies erst recht das Einleiten eines Verfahrens selbst. Allerdings setzt sich auch nach Einreichen einer Klage das Spiel zwischen Mobilisieren und Vermeiden von hartnäckigem Streit oft noch fort. Oft genügt es, daß der Kläger angezeigt hat, wie ernst er es meint, um zu bewirken, daß der Beklagte einlenkt, und der Fall ohne jede Verhandlung wieder aus den Gerichtsregistern ausgetragen werden kann. Die Klage ist hier eine Fortsetzung außergerichtlicher Drohungen ‚im Schatten des Rechts'. Andere Verfahren, die bei manchen Streitgegenständen bis zur Hälfte aller Fälle ausmachen, enden im weiteren Verlauf der Verhandlung mit einem *Vergleich*: Entweder außergerichtlich im Schatten des Verfahrens, oder – wie vor deutschen Gerichten üblich – explizit mit Hilfe des Gerichts. Bestimmten Parteien und bei bestimmten Streitgegenständen kommt es nicht auf die rechtliche Entscheidung, sondern auf die Beendigung eines Streits an – und dies ist sicherlich nicht gegen das Interesse von vielen Richtern, die sich durch den Vergleich das Abfassen einer Urteilsbegründung ersparen können. Die Verfahrenssoziologie fragt, welches die Parteienkonstellationen und welches die Streitgegenstände sind, bei denen das bloße Drohen mit einem Prozeß die vornehmliche Funktion des Anrufens des Gerichts ist; und welches diejenigen sind, bei denen vor Gericht der Streit vorzeitig beendet werden kann; und welche Parteien das Gericht anrufen, um bis zur rechtlichen Entscheidung und deren Begründung zu prozessieren.

Es liegt auf der Hand, daß die Beteiligten an Gerichtsverfahren diese aus der Perspektive ihrer jeweiligen Interessen sehen, und daß sie dabei die Interessen und Strategien der anderen ins Kalkül ziehen müssen. Ihr Verhalten muß strategisch sein: Parteien zögern den Prozeß manchmal hinaus, manchmal wollen sie ihn möglichst schnell beenden; Anwälte stellen zugleich die Interessen ihrer Mandanten und sich selbst dar; und Richter sind an einer möglichst reibungslosen Beendigung von Verfahren interessiert. Das Verfolgen dieser Ziele schließt immer auch das Kalkulieren mit den Strategien der anderen Beteiligten ein; insofern muß sich jeder, der an strategischer Interaktion beteiligt ist, ein Erklärungsbild des gesamten Gefüges machen. Hierbei kann die Verfahrenssoziologie Hilfe leisten, weil sie methodisch die Zusammenschau der verschiedenen Strategien und ihrer Perspektiven betreibt, und weil sich das Gerichtsverfahren auf soziale Beziehungen bezieht, aus denen die Konstellation im Gerichtsverfahren sich ergeben haben.

Einige wenige Daten für eine solche Betrachtung der Strategien von Beteiligten kann man aus gerichtlichen Statistiken gewinnen. So etwa kann man an der Art der Beendigung von Zivilprozessen die Mischung von Durchsetzungs-, Vermittlungs- und Entscheidungsfunktionen ablesen (vgl. Kap. 5). Das Nichtbetreiben von Verfahren, das Hinnehmen von Versäumnisurteilen oder auch Vergleichsbereitschaft zeigen dem Praktiker, daß sich hinter dem Gerichtsverfahren zugleich ein Unterhandlungsprozeß der Parteien abspielt, der das Gerichtsverfahren selbst als ein Streitmittel unter anderen benutzt. Nur eine Minderheit der Parteien ist so hartnäckig, bis zum Streitigen Urteil zu prozessieren. Hiervon allerdings zeigt sich ein beträchtlicher Anteil berufungsfreudig. Vor dem Landgericht legt die Hälfte, vor dem Amtsgericht ein Drittel aller Parteien Berufung ein. Obwohl die Erfolgsaussichten in der zweiten Instanz nur gering sind, haben sie offensichtlich Grund, die Skala von Rechtsmitteln bis zur Neige auszuschöpfen. Die Frage nach den Strategien im Gebrauch von Rechtsmitteln (im engeren Sinne der Berufungsinstanz) ist nur eine Unterfrage nach den Bedingungen der Hartnäckigkeit von Prozeßführung, unter denen Bürger und Organisationen überhaupt nach dem Mittel des Prozessierens greifen.

Daß diese Einbettung unserer (engeren) Fragestellung in eine weitere nach der Mobilisierung von Gerichten überhaupt, kein bloßes Wortspiel, sondern notwendige Voraussetzung für das richtige Fragen nach dem Gebrauch von Rechtsmitteln (im engeren Sinn) ist, soll an einigen wenigen Daten illustriert werden. Wir benutzen dabei zwei Indikatoren der Berufungshäufigkeit: Zunächst die Quote der anhängigen Klagen in zweiter Instanz bezogen auf alle anhängigen Klagen gleichen Streitgegenstands in erster Instanz, dann die Berufungsklagen als Quote aller streitigen Urteile in erster Instanz (soweit möglich unter Ausschluß nicht berufungsfähiger Fälle, etwa weil der Streitwert unter der Grenze der Berufungsfähigkeit liegt oder ähnliche Ausschließungsgründe). Beide Indikatoren haben eigenen Aussagewert. Zusammen machen sie deutlich, wie groß die Unterschiede in den Erledigungsstrukturen zwischen verschiedenen Prozeßgegenständen sind:

Die Ehescheidung vor den Familiengerichten ist der einzige Prozeßgegenstand, bei dem die Vorstellung zuzutreffen scheint, daß (von etwa 10 % Rücknahmen oder nichtbetriebenen Verfahren abgesehen) die Parteien vor Gericht gehen, um eine Entscheidung der Richter herbeizurufen, der sie sich in der Regel auch fügen, d.h. daß sie nur in seltenen Ausnahmefällen eine zweite Instanz in der Berufung oder Revision anrufen. Wir wissen allerdings, daß dies nur durch die Fiktion der Streitigkeit bei schätzungsweise 40–60 % aller Ehescheidungsprozesse zustandekommt[1]: Auch wenn sich beide Parteien einig sind, daß sie eine Scheidung herbeiführen wollen und unter welchen Bedingungen dies geschehen soll, müssen sie in der Bundesrepublik Deutschland dennoch ein Urteil nach streitigem Verfahren herbeiführen, um dieses einverständliche Begehren rechtskräftig zu machen (einige benachbarte Rechtssysteme kennen für einverständliche Entscheidungen ein summarisches Antragsverfahren oder aber eine Erledigung durch Versäumnisurteil, wodurch minimal 40 %

---

[1] Beatrice Caesar-Wolf, Dorothee Eidmann & Barbara Willenbacher: Die gerichtliche Ehelösung nach dem neuen Scheidungsrecht. In: Zeitschrift für Rechtssoziologie 4 (1983) 202–246.

5. Soziologie von Gerichtsverfahren 65

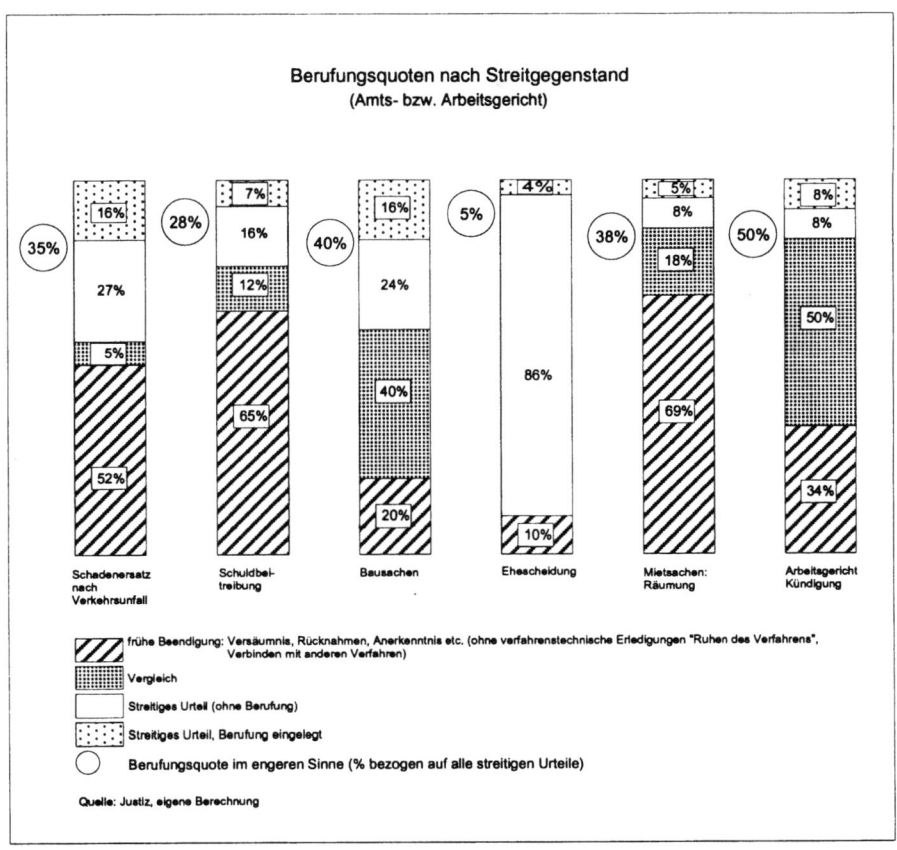

Abb. 5.1. Berufungsquoten nach Streitgegenstand

und bis zu 90% aller Scheidungen mit einem quasinotariellen Verfahren vollzogen werden). Rechtsmittel im Sinne des Einlegens von Berufung kommen bei Scheidungsverfahren nur in seltenen Ausnahmefällen vor – wenn der Streit um Scheidungsfolgen fortgesetzt wird, dann findet er in späteren Verfahren um Unterhaltszahlung oder Regelungen des Sorgerechts statt, im technischen Sinne also in abgesonderten Verfahren, die fast so häufig sind wie Scheidungsprozesse selbst.

Eine eigene Verfahrensordnung kennen auch die Arbeitsgerichte, die zu Beginn eines jeden streitigen Verfahrens eine Güteverhandlung vorschreiben. Man könnte auf die Vermutung kommen, daß dies den hohen Anteil von Vergleichen vor den Arbeitsgerichten erklärt – die kausale Zurechnung jedoch dürfte eher in umgekehrter Richtung liegen: Vor allem Verfahren des Kündigungsschutzes werden häufig mit einem Anspruch auf Wiedereinstellung begründet, obwohl der klagende Arbeitnehmer nicht mehr als eine Verbesserung der Bedingungen bei der Beendigung des Arbeitsverhältnisses erhoffen kann (etwa durch eine im Vergleich vereinbarte Abfindung); viele der Arbeitnehmerkläger wissen dies auch; sie ‚drohen' mit einem Rechtsanspruch auf Wiedereinstellung, um einen günstigen Vergleich vor Gericht aushandeln zu können; d.h. auch hier ist das Anrufen einer Entscheidung, die am Ende eines streitigen Verfahrens stehen könnte, eine Fiktion, unter deren Mantel sich Aushandlungsprozesse verbergen. Die Berufungsquote im weiteren Sinne ist deshalb hier gering: Lediglich etwa 8% aller Verfahren in erster Instanz werden hartnäckig bis in eine Berufungsinstanz fortgeführt; beziehen wir aber die Berufungsquote auf die streitigen Urteile in erster Instanz, dann liegt diese mit 50% relativ hoch: Wenn die Parteien sich in erster Instanz nicht einigen konnten, dann ist es auch nicht sehr wahrscheinlich, daß sie das streitige Urteil ohne weitere Überprüfung akzeptieren.

Auch die weitaus häufigsten Prozesse vor den Zivilgerichten, bei denen es um eine Schuldbeitreibung aus Kauf- oder Dienstverträgen geht, entsprechen nicht dem Modell einer hartnäckigen, streitigen Auseinandersetzung: Etwa zwei Drittel dieser Verfahren enden schon kurz nachdem sie anhängig gemacht worden sind, meist durch Versäumnisurteil, zuweilen durch Anerkenntnisurteil; in beiden Fällen steckt dahinter, daß sich die Beklagten gegen die Forderungen des Klägers nicht zur Wehr setzen; daß sie es aber auf die manifeste Drohung mit einem Gerichtsverfahren haben ankommen lassen, ehe sie den Anspruch anerkennen oder sogar begleichen. Das letzte Drittel solcher Verfahren teilt sich wieder auf in etwa ein Drittel, die durch Vergleich enden, und zwei Drittel (also insgesamt 24% aller Prozesse um Schuldforderungen), bei denen es auf eine streitige Entscheidung ankommt. Die Berufungsquote im weiteren Sinne kann nicht sehr hoch sein, wenn zwei Drittel aller Verfahren nicht streitig geführt werden; aber auch die Quote im engeren Sinne derjenigen streitigen Urteile, die in eine Berufungsinstanz gehen, ist mit 28% vergleichsweise niedrig. Eingehendere Untersuchungen weisen nach, daß diese Berufungsquote sehr abhängig ist vom Streitwert: Bei niedrigen Streitwerten können Gerichts- und Anwaltskosten leicht die geforderte Summe überschreiten, so daß das Risiko eines Berufungsklägers in der Regel ökonomisch nicht mehr sinnvoll ist.

Anders sieht dies bei Räumungsklagen in Mietsachen aus: Auch hier ist die rechtliche und tatsächliche Lage meist eindeutig, so daß der Prozeß in erster Linie geführt wird, um einer kaum bestreitbaren Forderung Rechtskraft zu verleihen; Anerkenntnis- und Versäumnisurteile machen daher zwei Drittel aller Erledigungen aus. Wo der Prozeß weitergeführt wird, geht es sehr häufig um das Aushandeln der Bedingungen, unter denen eine Räumung stattfindet, oder aber um Zeitgewinn, bis eine solche entschieden ist. Es liegt daher im Interesse der Beklagten, auch wenn sie in einer Berufungsinstanz unterliegen sollten, den Zeitgewinn einer weiteren Instanz für sich in Anspruch zu nehmen; und dies kann weit höhere Wertschätzung genießen als die bloßen Gerichts- und Anwaltskosten, selbst wenn diese den Streitwert übersteigen. Bei Räumungssachen vor den Mietgerichten ist wegen der vielen Anerkenntnisurteile die Berufungsquote insgesamt mit 6 % sehr niedrig, bei den wenigen (14 %) hartnäckigen Streitfällen jedoch sehr hoch (40 %).

Bleiben die Zivilprozesse nach einem Verkehrsunfall, die am ehesten dem Modell eines Nullsummenkonflikts entsprechen, bei dem die eine Partei verliert, was die andere gewinnt. Vergleichsverhandlungen vor Gericht sind hier selten (sie finden aber sicherlich zwischen den Haftpflichtversicherungen vor Beginn eines Prozesses oder aber nach Erheben der Klage außerhalb des Gerichts statt). Rücknahmen der Klagen sind hier häufig der Indikator, daß die bloße Klage als Drohung gewirkt und zu einem Vergleich außerhalb des Gerichts geführt hat. Ist dies jedoch nicht der Fall und wird streitig verhandelt, dann in der Regel bis zum streitigen Urteil. Prozesse nach Verkehrsunfall sind die einzigen, bei denen die Kläger weniger Erfolgschancen haben als die Beklagten. Trotzdem sind die Berufungsquoten im engeren Sinn mit 35 % nicht höher als im Durchschnitt, die Berufungsquote insgesamt (mit 16 % aller anhängigen Klagen) ist die höchste von allen Streitgegenständen.

Nach einem rationalen Verhaltensmodell wäre der Gang zum Gericht nur dort nötig, wo Rechtsfragen tatsächlich ungewiß bleiben, mithin unterschiedliche juristische Einschätzungen möglich sind. Dort wo die Rechtslage unumstritten ist, müßten beide Seiten den Ausgang eines Prozesses antizipieren können und sie könnten sich damit die Kosten von Verfahren und Rechtsvertretung sparen. In der Regel sind solche Einschätzungen der Gegenstand des ersten Gesprächs in der Beratung mit einem Anwalt: Welche Erfolgsaussichten hat ein Anspruch vor Gericht? Welcher finanzielle und zeitliche Aufwand wird nötig sein? Wenn man davon ausgeht, daß beide Seiten ein solches Kalkül aufstellen, dann müßte im Bereich der sicheren Erwartungen ein Rechtsstreit vermeidbar sein: Nach Abwägung der Chancen müßte eine Seite aufgeben, sobald sie gesehen hat, daß die andere es tatsächlich auf einen Rechtsstreit ankommen läßt. Wie häufig dies der Fall ist, kann man an der Beratungstätigkeit von Anwälten ersehen, bei denen es nicht zum forensischen Streit kommt, und man kann es zum Teil auch an den Erledigungen bei Gericht durch Zurückziehen der Klage, Versäumnis- oder Anerkenntnisurteil sehen. Oft ist eine sichere Voraussage möglich, wenn ein Prozeß eine Weile geführt ist, bis beide Parteien ihre Argumentation und ihr Beweismaterial vorgelegt haben; und dies macht dann möglich, den Ausgang des Rechtsstreits durch vorzeitige Erledigung oder Vergleich vorwegzunehmen. Eine solche Theorie läßt jedoch außer acht, daß es manchen Parteien nur darauf ankommt, Zeit zu gewinnen (etwa um einen Gläubiger eine Weile hinzuhalten); oder aber, daß eine Seite auf ihre Überlegenheit im Umgang mit rechtlichen Verfahren baut, und somit trotz juristisch schwacher Position einen Prozeßerfolg zu erreichen erhofft. Die wenigen empirischen Arbeiten zum Prozeßverhalten, die es bislang gibt, zeigen die Überlegenheit von Parteien, die häufig vor Gericht stehen und die damit ihre Verfahrensmöglichkeiten faktisch geschickter einsetzen und ihre Gewinnchancen besser kalkulieren können[2]. Je größer die Ungleichheit dieser Kompetenz zwischen den Parteien, desto wahrscheinlicher ist die Mobilisierung von rechtlichen Instanzen aus einem Kalkül taktischen Vorteils. Je mehr die Kompetenz für ein solches Kalkül gleich verteilt ist, desto wahrscheinlicher ist die Antizipation des Ausgangs und damit auch das Vermeiden eines Rechtsstreits.

Gerichtsstatistiken zeigen, daß Meideverhalten sogar *im* Prozeß weitverbreitet ist. Mehr als die Hälfte aller Zivilprozesse enden damit, daß eine der Parteien aufgibt, entweder weil sie gar nicht erst vor Gericht erscheint, oder aber den Anspruch der anderen Seite anerkennt. Weitgehend verhandeln die Parteien und ihre Rechtsanwälte gleichzeitig außergerichtlich. Zuweilen wird sogar eine Klage nur erhoben, um solche Auseinandersetzungen mit einer ausdrücklichen Drohung eines Rechtsstreits zu versehen. Das Gericht erfährt hiervon nur indirekt, etwa wenn die Parteien nicht mehr zum angesetzten Termin erscheinen, wenn der Kläger der Aufforderung zu einem Kostenvorschuß nicht nachkommt; oder aber ausdrücklich: Wenn die Beklagtenseite den Anspruch anerkennt oder die Klägerseite verzichtet. Die Häufigkeit solcher vorzeitigen Erledigungen ist wiederum unterschiedlich je nach Rechtsbereich. Sie verweist zurück auf die jeweiligen Ausgangskonstellationen, unter denen Recht mobilisiert worden ist. Deshalb kann man die Häufigkeiten, mit denen vor Gericht zwischen den Parteien ein Vergleich geschlossen wird, oder aber in denen hartnäckig bis zum streitigen Urteil, möglicherweise sogar in die Berufung gestritten wird, nur getrennt nach Streitgegenständen analysieren.

Beim Amtsgericht überwiegen insgesamt die Prozesse, die vorzeitig erledigt werden – sei dies, weil der Beklagte nicht erscheint, und deshalb ein Versäumnisurteil gegen ihn ergeht; sei es, weil er die Forderung des Klägers anerkennt, oder auch schon beglichen hat, weswegen die Klage zurückgenommen oder der Prozeßkostenvorschuß schon gar nicht erst bezahlt wird. Man kann dahinter ein rationales Kalkül mit einem Zeitgewinn vermuten, (typisch ist dies der Fall bei Räumungsklagen vor dem Mietgericht, aber auch bei Zahlungsforderungen); oder auch weil der Beklagte testen will, ob die andere Seite tatsächlich bis vor Gericht gehen und damit auch den damit fälligen Kostenvorschuß bezahlen will. In der Minderheit der vorzeitigen Erledigungen vor dem Amtsgericht (und auch nur bei einem Teil der ‚Klagerücknahmen') verzichtet der Kläger tatsächlich auf seinen Anspruch: Bender und Schumacher kommen bei einer Einschätzung des außergerichtlichen Erfolgs, der sich hinter der vorzeitigen Erledigung eines Prozesses verbirgt, darauf, daß in 4 von 5 (der für sie erkennbaren) Fällen der Beklagte die Forderung des Klägers erfüllt, in 1 von 5 Fällen hat der Kläger die Forderung aufgegeben[3].

---

[2] Marc Galanter: Why the ‚Haves' Come out Ahead – Speculations on the Limits of Legal Change. In: Law and Society Review 9 (1974) 95–160.
[3] Rolf Bender & Rolf Schumacher: Erfolgsbarrieren vor Gericht, Tübingen 1980, S. 138.

Hinter den vorzeitigen Erledigungen verbergen sich also Aushandlungsprozesse, in denen die Tatsache der gerichtlichen Klage ein Signal der Klägerpartei bedeutet, daß sie auch vor einer Mobilisierung der Gerichte nicht zurückschreckt. Allein diese Drohung genügt häufig, um den Konflikt beizulegen. Auffällig ist, daß solche Erledigungen bei Unterhaltsprozessen, nach einem Verkehrsunfall und bei Forderungen im Mietverhältnis selten sind: Dies sind die Prozeßarten vor dem Amtsgericht, die außergewöhnlich häufig (zu mehr als 40%) bis zum streitigen Urteil durchgefochten werden. Bei Verkehrsunfällen entspricht dies unserer Theorie, nach der die Wahrscheinlichkeit der Verrechtlichung (hier auch innerhalb des Prozesses) mit der Fremdheit in der Sozialbeziehung steigt: Bei der Schadensregulierung nach Verkehrsunfällen treten die Parteien selbst selten auf, besonders häufig sind sie durch Rechtsanwälte auf beiden Seiten (fast immer auf Seiten des Klägers) vertreten, und in der Regel steht hinter den Parteien jeweils (oft hinter der Klägerpartei, fast immer hinter dem Beklagten) eine Haftpflichtversicherung, die für Schadensersatzansprüche aufkommen muß. Daß hier eine besondere Hartnäckigkeit bis zum streitigen Urteil vorliegt, und nicht die Natur des Streitgegenstandes vorzeitige Erledigungen verhindert, geht daraus hervor, daß im streitigen Urteil bei Verkehrsunfällen ungewöhnlich häufig beiden Seiten ein Teil des Erfolges zugesprochen wird (und nicht, wie sonst üblich, entweder die eine oder die andere Seite überwiegend gewinnt[4]). Bei Unterhaltsprozessen dagegen spricht die Erfolgsverteilung eindeutig für den Kläger, die geringe Vergleichshäufigkeit ist hier (genau umgekehrt zum Verkehrsprozeß) eine Folge der eindeutigen Rechtsposition der Kläger(innen). Bei Mietforderungen läßt sich aus der Literatur keine Erklärung für die Hartnäckigkeit der Parteien bis zum streitigen Urteil belegen: Die Vermutung liegt nahe, daß ähnlich wie bei Arbeitsprozessen aus großen Unternehmungen der Mobilisierung von Gerichten ein langer Konfliktprozeß vorausgegangen ist, so daß vor Gericht nur die besonders hartnäckigen Fälle erscheinen. Nahe liegen die Strategien von Mietern, die durch langes Prozedieren Zeit gewinnen, aber auch die von Großvermietern, die auch ohne Vollstreckungsaussicht auf Räumung klagen, weil sie sich allein von der Belästigung der Mieter durch Gerichtsprozesse ein Nachgeben versprechen.

Im Vergleich zu allen Prozessen vor dem Zivilgericht ist das Arbeitsgericht besonders vergleichsfreudig. Der Prozeßrechtler wird sogleich auf die im Arbeitsgerichtsverfahren obligatorische Güteverhandlung vor Eintreten in das streitige Verfahren verweisen, in der viele der ansonsten als ‚vorzeitige Erledigung' abgeschlossenen Fälle ausdrücklich als ‚gütliche Einigung' registriert werden. Wichtiger noch ist über das Prozeßrecht hinaus das Vergleichsbemühen der Arbeitsrichter auch im streitigen Verfahren stärker, so daß auch nach der Güteverhandlung vor den Arbeitsgerichte mehr Vergleiche geschlossen als streitige Urteile gesprochen werden Besonders zeigt sich dies bei den Klagen gegen eine Kündigung, die überwiegend damit enden, daß das Arbeitsverhältnis selbst zwar aufgelöst wird, die Bedingungen hierfür aber, dabei vor allem die finanzielle Abfindung, vor Gericht von dem klagenden Arbeitnehmer verbessert werden.

---

[4] Elmar Steinbach: Strukturen des amtsgerichtlichen Zivilprozesses, GMD Birlinghoven 1979, S. 96 ff.

5. Soziologie von Gerichtsverfahren

Tab. 5.1. Ausgang von Prozessen vor verschiedenen Gerichten

	Erledigungsart			
	Versäumnisurteil, Rücknahme, Anerkenntnis, etc.	Vergleich	Urteil	
Amtsgericht[a]				
Zivilprozeß wegen Kaufvertrag	64%	12%	24%	100%
Zivilprozeß nach Verkehrsunfall	52%	5%	43%	100%
Unterhaltsforderung, Kindschaftssachen	51%	3%	46%	100%
Mietprozeß: Räumung	69%	17%	14%	100%
Mietprozeß: Forderung	44%	13%	43%	100%
Arbeitsgericht[b]				
Kündigung	34%	50%	16%	100%
Forderung auf Urlaub, Arbeitsentgelt	45%	41%	14%	100%

	Erledigungsart			
	Klagerückname	Klage ruht	Urteil: Scheidung ausgesprochen	
			nein	ja
Familiengericht[c]				
Sonstiges (Ruhen, o.ä.)	19%	31%	1%	49%
Von allen Scheidungsurteilen waren				
– einverständlich				57%
– nicht einverständlich				40%
Damit wurden Teilvergleiche über Folgesachen geschlossen je Scheidungsurteil				1.36

Quellen:
[a] Steinbach 1979, GMD-Erhebung, Amtsgerichte BRD 1971.
[b] Eigene Erhebung, Arbeitsgericht Berlin, Gerichtsregister 1976.
[c] Zählkarten-Statistik. Bundesamt: Fachserie 10 (Rechtspflege), Reihe 2, 1 (Zivilgerichte), 1971 & 1978.

Tab. 5.2. Erfolg des Klägers im Zivilgericht vor dem Amtsgericht nach Prozeßgegenstand

	Voller Gesamterfolg (alle Erledigungsarten)	Voller Erfolg im streitigen Urteil
Zivilprozesse um private Schulden[a] (alle Kläger)	64 %	48 %
Zivilprozesse um private Schulden[a] (nur natürliche Personen als Kläger)	46 %	36 %
Zivilprozesse nach Verkehrsunfall[b]	23 %	19 %
Unterhaltsforderungen, Kindschaftssachen	67 %	64 %
Mietprozesse[b]: – Räumungsklagen	88 %	65 %
– sonstige	44 %	41 %
Erfolg des Klägers vor dem Arbeitsgericht[c]	Gesamterfolg mit bzw. ohne Vergleich[d]	Streitiges Urteil
Kündigungsklagen	69 bzw. 19	49 %
Klagen wg. Arbeits- oder Urlaubsentgelt	78 bzw. 41	65 %

Quellen:
[a] Bender & Schumacher 1980, Akten Amtsgericht Stuttgart 1971.
[b] Steinbach 1979: GMD-Erhebung, Amtsgerichte BRD 1971.
[c] Eigene Erhebung, Arbeitsgericht Berlin, Gerichtsregister 1976.
[d] ‚Erfolg' wurde an den Zivilgerichten durchgehend gemäß dem Kostenbeschluß des Gerichtes operationalisiert, beim Arbeitsgericht wurde die Eintragung in die Registerbücher über ‚Gesamterfolg' übernommen. Dies schließt bei Kündigungsklagen auch die Festsetzung einer Abfindung für den Kläger ein. Entsprechend kann man hier alle Vergleiche ebenso als Erfolg werten (d.h. man unterstellt, daß Kündigungskläger den Anspruch auf Wiedereinstellung nur formal verfolgen). Macht man diese Unterstellung nicht, müßte man die Vergleiche vor dem Arbeitsgericht – analog der Operationalisierung beim Zivilgericht – als Teilerfolg, also *nicht* als vollen Gesamterfolg einstufen.

Ähnlich wie bei Kündigungsklagen vor dem Arbeitsgericht geht es auch bei Scheidungsklagen vor dem Familiengericht überwiegend nicht mehr um die Aufrechterhaltung der Sozialbeziehung. Ausgenommen hiervon sind nur die 19 % der Scheidungsklagen, die zurückgenommen werden – hier blieb es bei der Drohung. Ein Teil dieser Prozesse führt mit Zeitverzögerung doch zu einem Scheidungsurteil, ein Teil wird nicht wieder aufgenommen; Gründe liegen teils im Zeitverzug bei den Auskünften für einen Versorgungsausgleich, teils im materiell-rechtlichen Gründen, um Fristen für eine nichteinverständliche Ehescheidung abzuwarten. Von diesen Verzögerungsgründen abgesehen, bleibt jedoch für den Rest aller Scheidungsklagen, daß sie fast immer (mit Ausnahme von je 1 %) zu der eingeklagten Scheidung führen. Mehr als die Hälfte aller Scheidungsurteile wurde einverständlich von beiden Parteien erreicht, und hinter dem Urteil verbergen sich durchschnittlich 1,36 Teilvergleiche über Regelungen in Folgesachen der Scheidung usw. Auch nach neuem Recht ist in der überwiegenden Zahl der Scheidungsprozesse der tatsächliche Aushandlungsprozeß außerhalb des Verfahrens erfolgt. Das Gericht wird bei mehr als der Hälfte der Scheidungsfälle lediglich in seiner notariellen Funktion bemüht, um die zwischen den Parteien erreichte Konvention mit Rechtskraft zu versehen.

Ebenso wie den Selektionsprozeß vor der Bemühung von Gerichten kann man auch das Verfahren selbst als einen Filter darstellen, der eine Vielzahl von Beilegemöglichkeiten auf geringerer Stufe der Verrechtlichung vorsieht. Überwiegend setzt sich dabei bei den meisten Prozeßgegenständen der Kläger durch, und selbst beim Vergleich, der per definitionem ein Nachgeben beider Seiten einschließt, gewinnt der Kläger im Durchschnitt doch mehr als der Beklagte. Am geringsten sind die Erfolgsaussichten des Klägers, wenn der Prozeß bis zum streitigen Urteil geht. Auch hier allerdings müssen wir nach Prozeßgegenständen unterscheiden: Räumungsklagen und Klagen auf Unterhalt gewinnt auch im Urteil noch überwiegend der Kläger, bei Prozessen nach Verkehrsunfällen jedoch der Beklagte häufiger als der Kläger.

Im Durchschnitt haben Kläger eine etwas bessere Erfolgsquote als Beklagte. Plausibel wäre die Erklärung, daß sie ihre Aussichten besser antizipieren oder daß sie seltener das Risiko eines unsicheren Prozeßausgangs eingehen als Beklagte. Auch zeigen die Daten vieler Gerichtszweige, daß auf der Klägerseite eher Organisationen, auf der Beklagtenseite eher Private stehen. Letztlich (und quantitativ am entscheidendsten) kommt hinzu, daß ein Teil aller Klagen bei völlig sicherem Ausgang in erster Linie um des Vollstreckungstitels willen angestrengt wird. Aus allen diesen Gründen zusammen können wir als brauchbare heuristische Regel eine durchschnittliche Erfolgsquote der Kläger von etwa zwei Dritteln erwarten – weicht bei einem Prozeßgegenstand, bei einem Vielfachprozessierer oder bei einem Anwalt der Durchschnitt langfristig von dieser Faustregel ab, dann sollte man nach einer Erklärung suchen.

In der Regel ist der wichtigste Erklärungsgrund in der Zusammensetzung von Prozeßgegenständen zu finden. Eine – hier nur sehr verkürzte – Aufzählung von gegenstandsspezifischen Kontingenzen sei anhand unserer Daten versucht:

5. Soziologie von Gerichtsverfahren 73

Vor dem Amtsgericht liegt die durchschnittliche Erfolgsquote der Kläger bei zwei Dritteln, im streitigen Urteil sinkt sie unter die Hälfte[5]. Allerdings setzt sich ein solcher Durchschnitt aus sehr unterschiedlichen Werten bei den verschiedenen Prozeßgegenständen zusammen, und sie unterscheidet sich zudem noch je nach Parteikonstellation. Alle oben zitierten Untersuchungen haben gezeigt, daß Organisationen, die vielfach prozessieren, größere Erfolgschancen haben, – teils weil diese ihre Erfolgschancen besser voraussehen und damit die Mobilisierung der Gerichte gezielter einsetzen können, teils weil sie praktische Vorteile besser nutzen können.

Wesentlich schlechter sind die Erfolgsaussichten der Kläger im Prozeß nach Verkehrsunfällen: Wenn hier nur 19 % einen vollen Erfolg im streitigen Urteil erringen, so liegt das teilweise daran, daß auch im Richterspruch Schuld und Schaden bei Verkehrsunfällen häufig aufgeteilt wird, jedoch gewinnen hier (als einziger Prozeßart) die Beklagten sowohl im streitigen Urteil als auch insgesamt ein wenig häufiger als die Kläger. Wenn man nach einem Streitgegenstand sucht, bei dem das Gerichtsverfahren einem Lotteriespiel gleicht, dann kommt die Auseinandersetzung nach einem Verkehrsunfall diesem Modell am nächsten.

Unterhaltsprozesse und Räumungsklagen dagegen weisen sowohl bei den vorzeitigen Erledigungen wie im streitigen Urteil höhere Klägererfolge auf. Hier hat der Gerichtsprozeß in erster Linie die Funktion, bei klarer Rechtsposition und Beweislage dem Kläger einen Titel zur Durchsetzung mit Rechtszwang zu verschaffen. Dabei kann man eine interessante gegenläufige Korrelation bei der Auflösung von Mietverhältnissen im Vergleich zu Arbeitsverhältnissen beobachten: Räumungsklagen eines Vermieters werden nicht nur häufig schon vorzeitig für den Kläger erfolgreich beendet, sie führen auch im streitigen Urteil außergewöhnlich häufig dazu, daß der Kläger sich durchsetzt – unter anderem ein Resultat dessen, daß der Beklagte möglicherweise nur an dem Zeitgewinn während des Prozesses interessiert ist. Die übrigen Prozesse um Mietstreitigkeiten geben dem Kläger weit weniger Chancen, sie entsprechen etwa denjenigen von Prozessen zwischen natürlichen Personen, wie sie nach einem Kaufvertrag entstehen. Beim Arbeitsgericht ist die Klage des Arbeitnehmers gegen eine Kündigung dagegen sehr viel weniger erfolgreich als andere Prozesse (die in der Regel auch vom Arbeitnehmer betrieben werden). In Kündigungsklagen kann der Arbeitnehmer zwar häufig Zugeständnisse des Arbeitgebers durchsetzen, seltener jedoch die Unwirksamkeit der Kündigung erreichen und noch seltener die Wiedereinstellung auch faktisch durchsetzen. Die Erfolgschancen dieser beiden Prozeßarten entsprechen der Funktion des Gerichts, den Abbruch von Sozialbeziehungen zu regeln, nicht aber deren Aufrechterhaltung erreichen zu können: Da im Mietprozeß auf Räumung, im Arbeitsprozeß *gegen* eine Kündigung geklagt wird, sind die Erfolgschancen umgekehrt proportional verteilt. Hinzu kommt, daß im Mietprozeß auf der Klägerseite, im Arbeitsprozeß auf der Seite des Beklagten eher die sozial stärkere Seite vertreten ist (es handelt sich hier um eine größere Organisation, diese sind nicht nur in einem Vertragsverhältnis, der einzelne Vertrag ist daher auch nicht in dem Maße existenziell wichtig). Im Arbeitsgerichtsprozeß muß der sozial Schwächere sich gegen die Auflösung der Beziehung nachträglich recht-

---
[5] Rolf Bender & Rolf Schumacher, aaO., 1980, S. 24, 49.

lich zur Wehr setzen, im Mietprozeß muß der sozial Stärkere die Auflösung mit Hilfe des Rechts erwirken. Die Mobilisierungslast schützt also das Mietverhältnis mehr als das Arbeitsverhältnis, bei den (ausgewählten) Fällen, bei denen es bis zum gerichtlichen Urteil kommt, wird dem Vermieter (mit einiger Zeitverzögerung) meist das Recht der Kündigung zugesprochen. Die Klage demjenigen zuzumuten, der die Sozialbeziehung auflösen will, schützt zwar prinzipiell die Sozialbeziehung, hebt jedoch nicht die Möglichkeit des sozial Stärkeren auf, eine solche Auflösung mit Hilfe des Rechts durchzusetzen.

Ausgang und Erfolgswahrscheinlichkeiten von Gerichtsprozessen lassen sich nur schwer kausal erklären, da sie selbst reflexiven Mechanismen unterliegen. Auch die Beteiligten, vor allem die prozeßerfahrenen und die Rechtsanwälte antizipieren ihre Erfolgsaussichten und sie können entsprechend ihrer Einschätzung der Rechtslage und ihrer Erfahrung mit Verfahrensabläufen einschätzen, ob sich eine Klage lohnt oder nicht. Wenn die Erfolgswahrscheinlichkeit als antizipierbar anzusehen ist, dann muß die Mobilisierung der Gerichte unterschiedliche Funktionen haben: Wo der Kläger fast immer erfolgreich ist, geht es offensichtlich nicht mehr um eine im Ergebnis offene Auseinandersetzung, sondern um die Beschaffung von *Rechtskraft* und die anschließende *Vollstreckung* eines Anspruchs (im folgenden *Rechtsdurchsetzung* genannt). Nur wenn die Erfolgswahrscheinlichkeit des Beklagten bei einem Streitgegenstand sich der des Klägers annähert, so kann der Richter in seiner Funktion als *Entscheider*, aber auch als *Vermittler* auftreten. Wie weit er dabei aber die vermittelnde oder eher seine entscheidende Funktion herausstellt, hängt nicht nur vom Verhandlungsstil eines Richters ab, sondern vorab von der Konstellation, unter der das Gericht mobilisiert wurde: Kennen sich die Parteien persönlich, sind sie beide an baldiger Entscheidung interessiert, dann geht es ihnen (auch) um eine Konfliktbeendigung, folglich gibt es ein gemeinsames Interesse, auf dem Vergleichsbemühungen aufbauen können; ist die Beziehung eher anonym und kommt es keiner Partei auf den Zeitpunkt der Entscheidung an, so können sie die Unsicherheit in Kauf nehmen, die der Streit bis zur rechtlichen Entscheidung, und möglicherweise in eine weitere Instanz mit sich bringt. Meist geht Nichtvoraussehbarkeit auf eine schwierige Beweislage zurück. Wenn dessen ungeachtet prozessiert wird, so nur in Konstellationen, wo auf der Klägerseite Parteien stehen, die die Kosten eines Lotteriespiels nicht fürchten. Das Letztere ist am ehesten bei Prozessen nach Verkehrsunfällen der Fall, bei denen wir wissen, daß der Anteil von Rechtsschutzversicherten besonders hoch ist.

Die Funktion der Rechtsdurchsetzung, das heißt Fälle mit vorhersehbarem Ausgang und guten Erfolgschancen, findet man bei Unterhaltsforderungen, bei Räumungsklagen oder auch, wenn Firmen Schulden eintreiben: Bei den letzten beiden setzt sich der Kläger zu zwei Dritteln schon ohne streitige Verhandlung durch, bei allen dreien zielt er auf einen vollstreckbaren Titel. Geringe Vergleichsquoten zeigen hier an, daß es über den Konfliktausgang wenig zu verhandeln gibt, daß aber die Beklagtenpartei durch ein rechtskräftiges Urteil gezwungen werden muß, ihrer Verpflichtung nachzukommen. Ähnlich geht es bei Scheidungsprozessen um die Rechtskraft des gerichtlichen Urteils, wobei hier allerdings hinter dem Gerichtsprozeß Aushandlungsprozesse und Vergleiche stattfinden werden, denen vom Gericht lediglich in quasi-notarieller Funktion Rechtskraft verliehen wird. Auch hier kommt es auf das Urteil des Richters an, im Gegensatz zu dem Verfahren als Lotterie jedoch wird der Ausgang von den Parteien meist vorher einverständlich geregelt, wobei der Richter sie auf ihre Rechte hinweist, im übrigen aber nur die Vereinbarung bestätigen kann.

Wie weit der Richter sich in den Prozeß der Aushandlung einschalten kann, hängt wiederum von der sozialen Nähe der Beziehung zwischen den streitenden Parteien ab: Bei der Auflösung einer Familie vor Dritten in der Gerichtsverhandlung wird eine Streitaustragung eher nur fingiert, da das Verfahren hier in intime Erfahrungsbereiche hineinreicht; vor dem Arbeitsgericht dagegen kommen Sozialbeziehungen zur Sprache, die leichter vor Dritten ausgetragen und öffentlich behandelt werden können. Hier hat daher typisch der Richter die größte Chance, in seiner Funktion als Vermittler aufzutreten. Vereinfacht kann man aus den beiden Dichotomien: Der eindeutigen oder unsicheren Vorhersehbarkeit der Rechtslage und der Einverständlichkeit oder Strittigkeit zwischen den Parteien ein Vierfelderschema aufstellen, dem grundsätzliche Typen von Gerichtsfunktionen entsprechen:

Tab. 5.3. Funktion von Gerichtsprozessen für die Parteien

Prozeßziel der Parteien	Vorhersehbarkeit des Verfahrensausgangs	
	sicher	unsicher
einverständlich	Quasi-notarielle Funktion	Vermittelnde Funktion
strittig	Rechtsdurchsetzungsfunktion	Entscheidungsfunktion

Allen vier Funktionen kann man bestimmte Streitgegenstände typologisch zuordnen, jedoch können sie alle grundsätzlich in jedem Gerichtsverfahren auftreten. Beobachtungen von Verfahrensabläufen zeigen[6], daß Richter in ihrem Rollenverhalten typisch zwischen diesen Funktionen hin- und herwechseln, wobei sie einmal die Unsicherheit einer Entscheidung als Druckmittel für Vergleiche ausnützen können, ein andermal, die Erkenntnisse aus Vergleichsbemühungen in das Urteil einfließen lassen.

Die grundlegenden Funktionen der Gerichte können also in jedem Prozeß auftreten. Je nach Streitgegenstand jedoch überwiegt die eine oder andere Funktion. Hieraus lassen sich sowohl die Wahrscheinlichkeiten der Mobilisierung von Recht und Gerichten als auch die Erfolgsaussichten von Klägern oder Beklagten erklären. Die Varianz des Ausgangs von Prozessen ist also weitgehend schon erklärt, wenn man die Konfliktkonstellationen zu Beginn analysiert hat. Wenn man diese ‚konstant' hält, kann man von den Variablen der Verfahrensgestaltung selbst (also etwa dem Auftreten der Parteien oder den Vorurteilen der Richter) nur noch eine residuale Varianz erwarten.

---
[6] Erhard Blankenburg & Siegfried Schönholz, aaO., 1979, S. 138–186.

6. Soziologie der Rechtsmittel

Es leuchtet ein, daß für Richter ebenso wie für Parteien und Anwälte das erstinstanzliche Urteil eine grundsätzlich andere Funktion erhält, wenn sie damit rechnen müssen, daß (wie bei den Landgerichten der Fall ist) etwa die Hälfte vor einer zweiten Instanz nochmals überprüft wird. Es leuchtet auch ein, daß dies für die Strategien aller Beteiligten in der ersten Instanz einen bedeutsamen Unterschied macht: Anwälte und Parteien müssen ihr Vorbringen in der ersten Instanz aktenkundig machen, um in der zweiten möglicherweise darauf verweisen zu können; und sicherlich müssen erstinstanzliche Richter bei der Aktenführung und vor allem der Urteilsbegründung gründlich und ausführlich sein, da diese ja auch für die Berufskollegen in der zweiten Instanz angelegt werden.

Lautmann[1] hat die Rolle, die die richterlichen Darstellungszwänge mit sich bringen, mit einer Beobachtungsstudie deutlich herausgearbeitet. Er führte täglich Protokoll der Arbeitssituationen, während er als Assessor bei verschiedenen Kammern eines Landgerichts als Beisitzer mitwirkte. Deutlich wird dabei, daß die Entscheidungsfindung des einzelnen Richters ebenso wie der Kammer als kleiner Kooperationsgruppe vom – Beginn bis zum letztlichen Urteil von dem Bedürfnis nach konsistenter Darstellung getragen sind: Gegenüber den Widersprüchen und Lücken im Vortrag der Parteien und ihrer Anwälte kommen die Richter nicht um Zweifel und Lücken herum – Prozeßvorträge sind eben keine konstruierten Fallschilderungen von Prüfungsklausuren. Die Darstellung jedoch soll die Konsistenz der Klausurarbeit ausweisen, sie darf die vielfachen Unsicherheiten nicht sichtbar machen. Wie bei allen Subsumtionen von Rechtsanwendern konstruieren sie daher eine *Prozeßwirklichkeit*, die sich von der Wirklichkeit der Parteien ebenso unterscheidet wie von der empirischen Wirklichkeit eines unabhängigen Außenstehenden. Fakten und Argumente werden schon unter vorgegebenen Regeln des möglichen Ergebnisses wahrgenommen, und sie werden zudem nach Vereinfachungsregeln des Arbeitsdrucks selektiert: Schließlich müssen die Richter „den Fall vom Tisch" bringen. Sie orientieren sich dabei am Ziel, eine für die juristische Begründung konsistente Prozeßwirklichkeit zu konstruieren. Die Organisation der deutschen Justiz (mit ihrer Ausrichtung auf interne Karrieren von den unteren zu höheren Gerichten) bringt es dabei mit sich, daß die Berufungsfestigkeit bei den höheren Gerichten wichtiger ist als die Glaubwürdigkeit gegenüber den Parteien. Schriftliche Urteilsbegründungen nehmen

---

[1] Rüdiger Lautmann: Justiz – die stille Gewalt, Frankfurt 1972.

ein Drittel der richterlichen Arbeitszeit in Beschlag, die mündliche Sitzung gerade einmal zehn Prozent.

Die hohen Berufungswahrscheinlichkeiten bei der deutschen Justiz erklären, warum hierzulande überhaupt darüber gejammert werden kann, daß Zivilprozesse ‚zu lange dauern' sollen. Trotz aller Gründlichkeit der Urteilsbegründungen sind Zivilverfahren an den meisten Gerichten in Deutschland sehr schnell erledigt sind: Vor den Amtsgerichten sind zwei Drittel, vor den Landgerichten rund die Hälfte aller streitigen Urteile innerhalb von sechs Monaten erledigt. Wenn man dies mit den Prozeßdauern in unseren Nachbarländern oder gar in den Vereinigten Staaten von Amerika vergleicht, so erscheint die deutsche Justiz als ein Musterbeispiel an Effizienz.

Allerdings muß man solchen Vergleich von Prozeßdauern in einer Instanz zusammen sehen mit der Wahrscheinlichkeit, daß das Verfahren in der nächsten Instanz weitergeführt werden wird. Diese Wahrscheinlichkeit ist im deutschen Rechtssystem besonders hoch. Und auch die Hartnäckigkeit, mit der in der ersten Instanz bis zum streitigen Urteil (das ja nur die Möglichkeit einer Berufung eröffnet) gefochten wird, ist besonders hoch. Am extremsten wird dies im Vergleich mit den Justizstatistiken aus den Vereinigten Staaten von Amerika, die bei den Zivilgerichten in der ersten Instanz zu durchschnittlich 95 % einen „Vergleich" als Erledigung ausweisen. Es liegt auf der Hand, daß dies anderes bedeuten muß als der vor einem Richter geschlossene Vergleich eines deutschen Zivilgerichts. „Settlement" vor den amerikanischen Gerichten schließen vieles von dem ein, was bei uns als Versäumnisurteile, Anerkenntnisurteile oder ‚Ruhen des Verfahrens' aus den Gerichtsregistern ausgetragen wird. Bei den übrigen, tatsächlich streitig geführten Verfahren jedoch bleibt ein grundsätzlicher Unterschied: Da beim amerikanischen Gerichtsverfahren immer die Möglichkeit einer Entscheidung durch eine Jury offensteht, vor der mit ungleich komplizierteren Beweisregeln verhandelt werden muß, verfolgen alle Beteiligten in der Vorphase von Gerichtsprozessen die Strategie, ein formelles streitiges Verfahren zu vermeiden. Die Anwälte beider Parteien und auch die Richter verhandeln im Vorverfahren unter der Drohung eines übermäßig aufwendigen und kostspieligen formellen Verfahrens. Sie erzielen damit in der weit überwiegenden Zahl von Fällen eine (meist außergerichtliche) Beilegung des Streits, den man nur als ‚Vermeidungs-Vergleich' bezeichnen kann. Dem Grundgedanken einer möglichen Beweisverhandlung vor einer Jury entspricht das weitgehende Verbot von Rechtsmitteln in Tatsachenfragen in einer zweiten Instanz. Ein ‚trial de novo' ist im englischen ebenso wie im amerikanischen Prozeßrecht weitgehend ausgeschlossen; die höhere Instanz hat sich auf mögliche Rechtsfehler im Verfahren der ersten Instanz zu beschränken.

Solche Unterschiede im Prozeßrecht verändern nicht nur die Strategien von Parteien und Anwälten oder die Probleme der Arbeitsbewältigung bei Richtern. Sie finden auch ihre Auswirkung und Entsprechung in der gesamten Justizorganisation. Dort, wo ein englischer oder amerikanischer Richter in mittlerem oder höherem Lebensalter aus dem Kreis der Anwälte gewählt oder ernannt wird, stehen auf dem Kontinent Berufsrichter, die unmittelbar nach ihrer Juristenausbildung in eine Justizkarriere eintreten. Die Aufstiegschancen eines deutschen Richters entsprechen dabei denjenigen von Beamten mit ihren Senioritätsprinzipien, Beurteilungen von Vorgesetzten und periodischen Beförderungen innerhalb des eigenen Organisationssystems. Die Reputationsbildung erfolgt für die Richter der Berufungsinstanzen in erster Linie auf dem Wege der Berufungsverfahren. Dabei werden die Urteilsbegründungen der erstinstanzlichen Richter gründlich gelesen. Sie haben damit nicht nur eine Bedeutung für den jeweils zu entscheidenden Fall, sondern auch für die Meinungsbildung über aufstiegsfähigen Nachwuchs.

Nur aus dieser Kombination von prozeßrechtlichen und Organisationsbedingungen ist es zu erklären, was Zeitstudien ausweisen, daß die Hälfte des Arbeitszeitaufwands deutscher Richter bei Prozessen mit streitigem Urteil auf das Abfassen von Urteilsbegründungen entfällt[2].

6.1 Die Rechtsfortbildungsfunktion von Rechtsmitteln

Es gibt auch noch eine systemische Ebene der Betrachtung von Rechtsmitteln, abgelöst vom Interesse der Parteien an dem Erfolg in ihrem einzelnen Fall, oder aber dem der Richter an der Erledigung eines ihrer vielen Prozesse. In vielen Fällen stehen hinter Klägern oder Beklagten organisierte Parteien, die für ähnlich gelagerte, zukünftige Auseinandersetzungen eine Leitentscheidung erreichen wollen, oder aber es besteht ein Interesse der Richter, häufiger auftretende Unsicherheit durch höchstgerichtliche Rechtsprechung zu klären. Der ‚Gelegenheitsprozessierer', der nur an der Entscheidung seines einzelnen Falles interessiert ist, wird diesen nicht in die Berufung oder sogar Revision weitertreiben, wenn er mit einem Urteil (oder sogar einem Vergleich) in erster Instanz zufriedengestellt ist. Interessengruppen oder größere Organisationen, die routinemäßig mit Prozessen oder der Drohung von Rechtsmitteln umgehen, haben als ‚Vielfachprozessierer' Interessen über den einzelnen Fall hinaus. Sie können sich Strategien zur Beeinflussung einer Rechtsfortbildung leisten. Ein höchstrichterliches Urteil, das Entscheidungssicherheit vermittelt, kann ihnen viele zukünftige Prozesse ersparen. Und auch Richter haben ein eigenes Interesse an der Rechtsfortbildung, sei dies eher theoretisch (oder sogar ‚ästhetisch') um der Konsistenz der Rechtsprechung willen oder aber aus dem Interesse der Gerichtsbarkeit und der juristischen Profession an Autonomie im Gefüge politischer Gewaltenteilung, oder spezifischer aus einem Selbstbehauptungsinteresse einzelner Gerichtszweige in der Konkurrenz mit anderen (etwa dort, wo sich die Rechtsprechung des Bundesgerichtshofs gegenüber dem des Bundesverfassungsgerichts zu behaupten versucht). Die Interessen an der Rechtsfortbildung und die daraus resultierenden Strategien nehmen einzelne Fälle oft nur zum Anlaß; sie mögen geradezu auf Fälle warten, um einen prinzipiellen Streit über juristische Grundsatzfragen oder Kompetenzen auszutragen.

Wiederum kann der rechtsvergleichende Blick die Eigenschaften unseres eigenen Systems verdeutlichen: Dort, wo Instanzgerichte eine Entscheidung über die Zulassung von Rechtsmittelverfahren treffen können, haben sie ein ideales Mittel zur

---
[2] Vgl. unsere Prognos Studie zur Dreistufigkeit der Gerichtsverfassung, Bundesrechtsanwaltskammer (Hrsg.): Strukturanalyse der Zivilgerichtsbarkeit, Tübingen 1974.

Hand, um nach ihren eigenen Kriterien der Relevanz auszuwählen, welche Fragen im Interesse der Rechtsfortbildung und im Interesse ihrer Kompetenzbehauptung entschieden werden sollten. Historische Untersuchungen über die Tätigkeiten der amerikanischen ‚supreme courts' zeigen[3], daß diese es über mehrere Generationen hinweg verstanden haben, ihren Geschäftsanfall konstant sehr klein zu halten; daß sie dies angesichts der wachsenden Eingänge durch immer größere Selektion haben tun müssen; und daß sie dabei stets ausgewählt haben nach den Gesichtspunkten, welche Fragen nach ihrer Ansicht an der „frontier" der Rechtsentwicklung stehen. Im deutschen Rechtssystem ist das deutlichste Beispiel einer solchen Auswahlkompetenz mit rechtspolitischer Absicht die Annahmeentscheidung des Bundesverfassungsgerichts über Verfassungsbeschwerden: wie an den ‚supreme courts' werden auch hier über 90 % aller Eingänge nicht in Behandlung genommen.

Auch einer Zulassungsrevision in der Bundesrepublik könnte eine ähnliche Funktion zugedacht sein. Mit sehr viel Kritik an jeglicher Ermessensfreiheit der Zulassungsentscheidung ist jedoch zu rechnen. Die Anwaltskritik an der BGH-Praxis, daß Ablehnungen von Zulassungen zur Revision nicht ausführlich begründet werden, zeigt schon an, daß die Akteure im deutschen Rechtssystem stets darauf dringen, Ermessensentscheidungen durch Kodifikation einzuengen. So argumentieren Prozeßrechtslehrer[4], daß die Zulassungsentscheidungen durch ein genau umschriebenes ‚Recht auf Revision' präzisiert sein müssen; allerdings wird damit die Flexibilität, die das Zulassungsverfahren vielleicht schaffen sollte, wieder an die Kette der Kodifizierung gelegt.

Bei den Berufungs- und Revisionsgerichten der ordentlichen Gerichtsbarkeit ist die deutsche Tradition ermessensfeindlich gegenüber jeder Kompetenz der oberen Gerichte, über Behandlung oder Nichtbehandlung entscheiden zu können. Ein funktionales Äquivalent für die Auswahl von rechtspolitischer Relevanz ergibt sich höchstens durch die Veröffentlichungspraxis: Nur ein Teil aller höchstrichterlicher Urteile wird als Leitentscheidungen in juristischen Zeitschriften veröffentlicht und in der Literatur diskutiert. Die Computerisierung der Rechtsprechungsdokumentation jedoch trägt dazu bei, daß immer mehr Urteile mitsamt ihren Begründungen zugänglich gemacht werden.

Der Unterschied ist charakteristisch für die Verteilung von Definitionsmacht über die Rechtsfortbildung: Was in anglo-amerikanischen Rechtstraditionen oberste Richter entscheiden, erfolgt auf dem Kontinent als Selektion der Veröffentlichungen von höchstrichterlichen Urteilen von ‚grundsätzlicher Bedeutung'. Die sogenannte ‚herrschende Meinung' wird nicht alleine von Richtern definiert, sondern als Organisationsleistung, die in erster Linie von Kommentatoren und Fachzeitschriften, in zweiter Linie von rechtswissenschaftlichen Abhandlungen bestimmt ist, Richter, Professoren und typisch auch Ministerialbeamte, aber (im Vergleich zu anglo-amerikanischen Rechtskulturen) nur selten Anwälte bilden die Organisation dieser professionellen Definitionsmacht. Höchstrichterliche Urteile, also solche die durch meist zwei

---

[3] Robert Kagan et al.: The Business of State Supreme Courts 1870–1970. In: Stanford Law Review 30 (1977) 121–158.
[4] Peter Schlosser: Neues Revisionsrecht in der Bewährung, Berlin 1983.

Rechtsmittelinstanzen gegangen sind, bilden den häufigsten Anlaß für solche Auseinandersetzungen.

6.2 Die Größe des Rechtsbetriebs als Motor der Ausdifferenzierung

Wir haben es also bei den Rechtsmitteln in Fällen von ‚grundsätzlicher Bedeutung' nicht mehr allein mit der Verfahrenssoziologie zu tun, die Mobilisierung und Erfolg von Parteien in Gerichtsverfahren untersucht, sondern mit der Behauptung von Definitionsmacht über das Recht und der Konkurrenz darum. Wir sind im Arcanum der juristischen Profession selbst. Eine vergleichende Soziologie dieser juristischen Profession kann unsere eigene Rechtskultur verständlich machen (durch sie unselbstverständlich zu machen). Alle Fragen der Rechtssoziologie spielen herein: Ob die Entwicklung des Rechts in erster Linie gedacht wird als durch Kodifizierungen bestimmt oder an Richterentscheidungen orientiert; ob man Richter wird durch Bewerbung für eine lebenslange Berufslaufbahn oder durch Wahl aus den Reihen von Anwälten; ob organisierte Gruppen Grundsatzentscheidungen des Rechts eher durch Mobilisierung von Gerichten (etwa im Rahmen von Testfällen oder durch repräsentative Gerichtsfälle etwa der ‚class action' suchen, oder eher durch Beeinflussung von Parteien und parlamentarische Gesetzgebung (plus ministerieller Gesetzesvorbereitungen). Daß die Unterschiede hier mehr im Institutionellen als im geschriebenen Recht liegen, das soll im folgenden an einem Vergleich der obersten Gerichte in Zivilsachen in der Bundesrepublik Deutschland und den Niederlanden aufgezeigt werden.

Was wir den Verhaltensaspekt von ‚Rechtskultur' nennen, setzt sich aus den Interaktionen von Menschen und Institutionen zusammen. Als Institutionen können wir Gerichte, Anwaltschaften, Rechtsfakultäten und das Gefüge der Gesetzgebung nennen. Jedes für sich, und sicher das Gesamte sind komplexe Gebilde. Zusammen und im institutionalisierten Streit untereinander definieren die Beteiligten als kollektives Endprodukt, was als ‚Recht' gelten soll und was faktisch als solches durchgesetzt wird und damit ‚gilt'.

Die obersten Richter nehmen hierbei einen besonderen Platz ein, weil sie verfahrensmäßig zugewiesen im Rechtsstreit das letzte Wort haben. Die Funktionen der obersten Gerichte kann man in zweierlei Richtung sehen: Zunächst aus der Sicht der Parteien als letzte Instanz im individuellen Rechtsstreit, und dann aus der Sicht der gesamten Rechtsordnung, die eine Instanz benötigt, um verbindlich festzulegen, was bei Auslegungsstreit und neuen Problemstellungen ‚rechtens' sei. Bundesgerichte werden von den Parteien oft als ‚zweite Berufungsinstanz' angerufen, für die juristische Profession dagegen sind sie interessant durch ihr Definitionsprivileg in Sachen Rechtseinheitlichkeit und Rechtsfortbildung. In der ersten Funktion kann man natürlich erwarten, daß der Umfang der Prozeßtätigkeit von der Bevölkerungsgröße und deren Konfliktintensität abhängt; in der zweiten allerdings sollte der Umfang des Gerichtsbetriebs allein mit der Differenziertheit des Rechtssystems zusammenhängen. Je vielfältiger die Regeln moderner Staaten, je differenzierter das Recht, desto mehr Koordinierungsbedarf und auch Erneuerungsbedarf – sollte man meinen – kommt auf die obersten Gerichte zu.

Der Vergleich von Rechtskulturen jedoch zeigt, daß eine solche Nachfragetheorie die Realität nicht erklärt. Ein Nachbarland wie die Niederlande mit seiner Wirtschaftsstruktur, seinem ausgebauten Wohlfahrtsstaat, und seiner europäischen Verknüpfung gleicht dem angrenzenden Bundesland Nordrhein-Westfalen so weitgehend, daß man weitgehend gleiche ‚Rechtsprobleme' erwarten sollte. Gemäß der Nachfragetheorie sollte man erwarten, daß sie ähnlich differenziertes Recht entwickelt haben, um dem Regelungsbedarf ihrer komplexen Gesellschaftsordnung zu entsprechen. Für den Umfang der obersten Rechtsprechung und die Größe des obersten Gerichtsbetriebs jedoch gilt dies keineswegs. Bei gleicher ‚Nachfrage nach Recht' unterscheiden die Nachbarn sich doch extrem im Angebot des Rechtsbetriebs: Die Niederlande bieten eine Rechtskultur mit auffallend kleinem Justizbetrieb (nicht nur absolut, weil sie ein kleines Land sind, sondern auch relativ im Verhältnis zu ihrer Bevölkerungszahl); wogegen die Bundesrepublik Deutschland ist unter allen Ländern der Welt, von denen wir rechtssoziologisch vergleichende Daten haben, das Land mit den meisten Richtern (im Verhältnis zur Bevölkerung). Das Ausmaß der rechtlichen Regelungen und auch der Feinmaschigkeit, mit der zunehmende Lebensbereiche ‚verrechtlicht' werden, würde ein solches Gefälle der Größe des juristischen Betriebes, wie er zwischen der Bundesrepublik und den Niederlanden festzustellen ist, nicht erwarten lassen. Beide Länder haben eine postindustrielle Wirtschaftsstruktur, beide haben einen ausgebauten Wohlfahrtsstaat, und beide berufen sich gerne auf ihre Tradition der Geregeltheit und Ordnung, was bei den Nachbarn oft als Übergeregeltheit und Über-Ordnung erfahren worden ist. Wenn man sich die Detailliertheit von Mietregelungen oder Gemeindeverordnungen anschaut, dann wird man bei den Niederländern sogar ein noch größeres Regelbedürfnis (zumindest auf dem Papier) konstatieren als bei den Deutschen. Desto mehr überrascht es, daß die Praxis der niederländischen Institutionen durch ein für deutsche Verhältnisse erstaunliches Maß an pragmatischen Einzelfall-Lösungen und verfahrensmäßiger Informalität gekennzeichnet sind.

Die Institutionen der obersten Gerichte bilden hierfür ein gutes Beispiel. Die schiere Größenordnung der obersten Gerichte in der Bundesrepublik Deutschland muß den niederländischen Juristen beeindrucken. Das beginnt mit der Verfassungsgerichtsbarkeit und setzt sich fort über die obersten Bundesgerichte für die Arbeits-, Sozial- und Finanzgerichtsbarkeit.

Alle diese sind in den Niederlanden eingeschlossen im ‚Hoge Raad', dem Kassationsgerichtshof mit drei Kammern, je eine für die zivile, die Straf- und die Fiskalrechtsprechung.

Der Hoge Raad in Den Haag ist als Kassationsgericht für die letztinstanzliche Prüfung von Gerichtsurteilen zuständig. Er hat eine Kammer für Zivilsachen, eine Kammer für Strafsachen und zwei für Steuersachen. Die Abteilungen sind jeweils mit 10 Richtern besetzt, die Zivilkammer beschließt in Sitzgruppen zu je 3 oder 5 Richtern, alle anderen Mitglieder der Kammer können jedoch zur Entscheidung herangezogen werden. Ihnen entsprechen in der Bundesrepublik die Revisionsgerichte

6.2 Die Größe des Rechtsbetriebs als Motor der Ausdifferenzierung

für Zivil-, Straf- und Steuersachen: Der Bundesgerichtshof mit seinen 115 Richtern, das Bundesarbeitsgericht mit 25 Richtern und der Bundesfinanzhof mit 54 obersten Bundesrichtern. Sozialgerichte in den Niederlanden ebenso wie der Rechtsschutz gegenüber Verwaltungsentscheidungen sind in jeweils eigenem Rechtszug geregelt, der keine Unterscheidung zwischen zweiter Berufungsinstanz und Revision kennt. Wir lassen diese hier außer Betracht und gehen auch nicht weiter auf die Revisionstätigkeit in Strafsachen ein, sondern beschränken uns auf den Bereich dessen, was in den Niederlanden in die Kompetenz des Zivilrichters fällt, und seiner Äquivalente in der Bundesrepublik Deutschland.

Tab. 6.1. Zahl der obersten Richter in Zivilsachen

Bundesrepublik		Niederlande	
Bundesgerichtshof		Hoge Raad	
Präsident	1	Raadsheren	10
vorsitzende Richter	11		
Richter	68	Generaaladvocaten	6
Bundesarbeitsgericht			
Präsidenten	1		
vorsitzende Richter	5		
Richter	18		
Summe	105		16

Die höchstrichterliche Rechtsprechung in Zivilsachen wird in den Niederlanden von einer Kammer von 10 Raadsheren versorgt.

Hinzu kommen 6 Generaaladvocaten, die ihre Rechtsmeinung zu dem anstehenden Fall als advisierendes Votum aussprechen zu Beginn jedes Kassationsverfahrens; sie sind dabei nicht an Weisungen ihres Ministers gebunden und treten auch nicht als Partei der Regierung auf; ihre Voten werden letztlich mitsamt dem Urteil veröffentlicht, jedoch nehmen sie nicht an der richterlichen Beratung oder eventuellen Abstimmung teil; am besten charakterisiert man sie daher als „nicht-richterliche Mitglieder des Rechtsprechungs-Kollegiums". Auch sind wissenschaftliche Mitarbeiter im Dienst der zivilen Generaaladvocaten, die vor allem (in der Bibliothek) Vor- und Zuarbeiten verrichten. Die ‚Raadsheren', wie die Richter des Hoge Raad genannt werden, arbeiten meistens zuhause; beim Hoge Raad haben sie bislang kein Arbeitszimmer; einmal in der Woche treffen sie sich zur Beratung der durchgearbeiteten und zur Verteilung der neu eingegangenen Verfahren. Da in der Regel keine mündlichen Verhandlungen geführt werden, bleibt die Arbeit des Revisionsrichter eine überwiegend auf schriftliche Kommunikation beschränkte Tätigkeit.[5]

Die Revisionstätigkeit am Bundesgerichtshof ähnelt demgegenüber eher einem Bürobetrieb. Bei jedem Urteilsverfahren gibt es eine mündliche Verhandlung, jedoch entfällt der größte Teil der Arbeitszeit auf das Durcharbeiten von Akten und das Entwerfen von Beschlüssen über Annahme oder Nicht-Annahme, in Voten über schwie-

---
[5] Freek Bruinsma: Cassatie in civiele zaken, Diss. Utrecht, Zwolle 1988.

6. Soziologie der Rechtsmittel

rige Rechtsfragen und Entwürfen von Urteilen. 12 Zivilsenate mit je einem Vorsitzenden und 5 bis 7 Richtern zählt der Bundesgerichtshof gegenwärtig. Jeder Zivilsenat hat zwei wissenschaftliche Mitarbeiter. Hinzu kommt, will man das Äquivalent des Hoge Raad in Zivilsachen bestimmen, die Tätigkeit des Bundesarbeitsgerichts. Da in den Niederlanden das Arbeitsrecht als Teil des Zivilrechts von den ordentlichen Gerichtsbarkeiten (mit allerdings sehr geringem Geschäftsanfall) behandelt wird, ist die zivile Kammer auch das Revisionsgericht für diesen Rechtsbereich. Das Bundesarbeitsgericht allein besteht aus 5 Senaten mit insgesamt 25 Richtern. Mehr als 100 Richter mit einem Stab von wissenschaftlichen Mitarbeitern versorgen also in der Bundesrepublik die Revisionsarbeit, die in den Niederlanden von den 10 Richtern der Zivilkammer des Hoge Raad verrichtet werden mitsamt 6 Generaladvocaten und wissenschaftlichen Mitarbeitern. Entsprechend groß sind auch die Unterschiede im Geschäftsanfall in Revisionssachen: Die zivilen Senate des Bundesgerichtshofs allein hatten 1985 mehr als zehnmal so viel Revisionseingänge als der Hoge Raad, hinzu kommen noch fast dreimal so viele beim Bundesarbeitsgericht. 1970 waren die Verhältnisse noch das 16fache bzw. das 4fache: Der Hoge Raad hat also größere Steigerungsraten als die deutschen obersten Gerichte, jedoch nach wie vor auf insgesamt niedrigem Niveau. Zwischenzeitlich übrigens hatte das Bundesarbeitsgericht sehr viel mehr Revisionsverfahren, die Schwankungen sind hier konjunkturell sehr groß. Wichtiger noch als die Zeitreihen der Eingänge sind die der Urteile (in den Niederlanden ‚Arreste' genannt). Hier sind die Schwankungen geringer, was für die Fähigkeit der Gerichte spricht, ihre Arbeitsbelastung konstant zu halten. Jedoch zeigt sich auch hier: Der Bundesgerichtshof setzt jährlich fast fünfmal, das Bundesarbeitsgericht dreimal so viele höchstrichterliche Urteile in die Welt wie der Hoge Raad. Die Mechanismen der Kapazitätskontrolle und die Folgen der Größe sollen uns im folgenden ausführlicher beschäftigen.

Will man die erstaunlichen Unterschiede in der Größenordnung des Revisionsbetriebes *erklären*, dann kann man dies einmal beziehen auf das Revisionsgericht in seiner Funktion für die Parteien: In diesem Fall würde man die Anzahl der Verfahren in bezug setzen zu den Berufungsverfahren in der ordentlichen Gerichtsbarkeit oder sogar den erstinstanzlichen. Wie wir gezeigt haben, ist die niederländische Justiz insgesamt nicht nur absolut, sondern auch im Verhältnis zur Bevölkerungszahl ungleich kleiner als diejenige der Bundesrepublik. Da wir bei dem sozialen und ökonomischen Entwicklungsstand beider Länder und dem Ausmaß ihrer rechtlichen Geregeltheit davon ausgehen, daß die Gründe hierfür nicht bei der Ausgangsbasis der potentiellen rechtlichen Probleme liegen, mit denen der Einzelne oder auch Firmen und Organisationen konfrontiert sind, haben wir die Erklärung für die geringere Prozeßneigung der Niederländer im großen *Angebot* von prozeßvermeidenden Institutionen gesucht und gefunden: Mietkommissionen bei Mietpreissteigerung, Arbeitsamtsverfahren bei Entlassungen, Beschwerdestellen für Konsumenten, Bauschlichtungskommissionen und eine weitgehende Vermittlungstätigkeit bei Rechtsanwälten und öffentlichen Rechtshilfebüros sorgen für eine sehr viel weitgehendere Erledigung von Streitfällen im Vorfeld von gerichtlichen Verfahren. Man sollte meinen, daß diejenigen wenigen Fälle, bei denen alle Versuche des Prozeßver-

Tab. 6.2. Geschäftsanfall bei zivilrechtlichen Revisionssachen

	1970	1975	1980	1985	1990
Bundesgerichtshof					
Eingänge	2 140	2 180	2 208	2 805	3 303
Urteile	959	776	803	783	–
Bundesarbeitsgericht					
Eingänge	418	797	635	792	1 408
Streitige Urteile	250	287	445	487	466
Hoge Raad					
Eingänge	107	147	171	288	282
Arreste	86	105	129	162	277

Quellen: BGH/BAG: Zählkartenstatistik; HR: Justitiële Statistiek.
In beiden Ländern sind nur Revisionen/Kassationen im technischen Sinn gezählt. Für den gesamten Geschäftsanfall müßten noch Beschwerden gegen Beschlüsse/Verzoekschriften mitgezählt werden. Danach wären 1985 BGH: 3 886 Eingänge und 1 120 Entscheidungen zu vermelden; HR: 477 Eingänge und 360 Entscheidungen. In beiden Fällen entfällt ein großer Teil der Beschwerden auf Familiensachen, BGH auch gegen Nichtzulassungen zur Revision bei den OLG's; HR auch Arbeitsrecht und Konkursrecht. Da die Vergleichbarkeit der Prozeßgegenstände hier nicht mehr gegeben ist, sind die Zahlen der Beschwerden in der Tabelle nicht aufgeführt.

meidens fehlgeschlagen sind, nunmehr eine schärfere Selektion „hartnäckiger Konflikte" darstellen, bei denen schwierige Rechtsfragen zu klären wären und keine der Parteien mehr nachgeben will. Man sollte also erwarten, daß diese kleinere Selektion von Fällen häufiger in eine Berufungsinstanz und auch prozentual häufiger bis zur Revision geführt wird. Das Gegenteil ist jedoch der Fall: Nicht nur sind die Berufungsquoten bei den Kantongerechten niedriger (15 % vergleichbar zum Amtsgericht in Zivilsachen mit 30 % aller streitigen Urteile), sondern auch die der Rechtbanken mit 25 % (vergleichbar den Landgerichten mit einer Berufungsquote von fast 50 % aller streitigen Urteile der Vorinstanz), auch von den nunmehr noch einmal eine schärfere Selektion darstellenden streitigen Urteilen der Gerichtshöfe (vergleichbar mit den Oberlandesgerichten) sind Kassationsbegehren mit 7 % nochmals seltener als bei den deutschen Oberlandesgerichten mit 10 % Revisionsbegehren.

Erwartungswidrig setzt sich also das prozeßvermeidende Verhalten der niederländischen Parteien von Instanz zu Instanz fort. Prozeßrechtliche Unterschiede erklären das andersartige Verhaltensmuster nicht: Wohl kann man niedrige Berufungsquoten vom Kantongerecht zur Rechtbank auf die höhere Schwelle von fl. 2 500,- (im Gegensatz zu DM 800,- bei Zivilverfahren vor dem Amtsgericht) teilweise erklären, die Berufungsquoten von der Rechtbank zum Gerechtshof lassen sich jedoch nicht mehr aus prozeßrechtlichen Hürden erklären, und erst recht nicht die etwas geringere Kassationsquote: Eine Streitwertbegrenzung wie diejenige von DM 40 000,- vor dem deutschen Bundesgerichtshof gibt es in den Niederlanden nicht und entsprechend keine Hürde einer Zulassungsentscheidung bei den Gerechtsho-

6. Soziologie der Rechtsmittel

Tab. 6.3. Erledigungen von zivilrechtlichen Revisionssachen

	Bundesgerichtshof (1986)	Hoge Raad (1985)
Erledigungen insgesamt davon:	(N = 2 960)	(N=777)
zurückgenommen u.ä.	24 %	14 %
nicht angenommen	44 %	–
Urteil/Entscheidungen	32 %	86 %
Von den Urteilen/Entscheidungen Vorinstanz bestätigt	30 %	2/3
Vorinstanz teilweise aufgehoben	70 %	1/3
Summe	100 %	1/1

Quellen: BGH: Zählkartenstatistik; HR: Bruinsma 1988 (hier alle Entscheidungen einschließlich Beschwerden).

ven; ebenso wenig gibt es die Möglichkeit des Hoge Raad, sich durch eine Nicht-Annahmeentscheidung von der weiteren Behandlung und Begründung eines offensichtlich aussichtslosen Kassationsbegehrens zu entlasten. Die Bundesgerichtshof-Entlastungsgesetze seit 1968 und definitiv dann die Zivilprozeßnovelle von 1975 haben den Verfahrensverlauf vor den Zivilsenaten des Bundesgerichtshofs ungleich selektiver gestaltet als den am Hoge Raad praktizierten Verfahrensverlauf. Von dem Großteil möglicher Revisionsbegehren wird der Bundesgerichtshof entweder durch Nicht-Zulassung (bei einem Streitwert bis zu DM 40 000,– und bei Familiensachen) bei den Oberlandesgerichten oder (bei höherem Streitwert) durch eine Entscheidung des zuständigen Senats beim Bundesgerichtshof auf Nicht-Annahme verschont. Die Entlastungstendenz ist deutlich an der Zahl der Urteile bis 1969 und danach abzulesen: In den 1960er Jahren ergingen per Jahr regelmäßig zwischen 1 200 und 1 300 Urteile, seit 1970 *sinkt* deren Zahl, um sich ab 1973 zwischen 700 und 900 einzupendeln. Zulassungsentscheidungen der Oberlandesgerichte ebenso wie die Annahmeentscheidungen des Bundesgerichtshofs selbst sind in dieser Zeit deutlich selektiver geworden. Tabelle 6.4 zeigt: 1986 hat die Nichtannahmequote ihr bisheriges Hoch bei 44 % aller Revisionsverfahren (und 50 % aller Annahmerevisionen!) erreicht; die Rücknahmequote (als Indikator für die Filterwirkung der Anwälte und eventuelles Vergleichsverhalten der Parteien) sind mit 24 % langfristig konstant[6]. Das Revisionssystem zeigt seine Fähigkeit, das Ausmaß der Urteilstätigkeit konstant zu halten: Ähnlich wie die Supreme Courts in den Vereinigten Staaten reduziert das oberste Gericht damit seine Funktion als zweite Rechtsmittelinstanz und konzentriert sich auf das Neuland der Rechtsfortbildung. Die interne, durch das Prozeßrecht vorgese-

---

[6] Vgl. Peter Schlosser, aaO., 1983, der mit seinen Mitarbeitern eine Auswahl von Annahmeentscheidungen nachvollzogen hat und zu dem Urteil kommt, daß die Universitätsjuristen in 6 von 100 Fällen angenommen hätten, wo der BGH ablehnte. Er zieht den Schluß, daß eine solche („kleine") Beurteilungsdivergenz der „notwendige Preis" der Annahmerevision sei, schließt sich im übrigen aber an die Anwaltsargumentation an, daß eine Begründung der (Nicht)annahme wünschenswert sei.

6.2 Die Größe des Rechtsbetriebs als Motor der Ausdifferenzierung 87

hene Selektivität führt beim Bundesgerichtshof dazu, daß zwei Drittel der letztlich begründeten Urteilsentscheidungen mit einem Erfolg des Revisionsklägers enden. Beim überwiegenden Teil verweist der BGH an das Oberlandesgericht zurück, bei 21 % wird nicht nur das angefochtene Urteil aufgehoben, sondern in der Sache durch das Revisionsgericht selbst anders entschieden.

Tab. 6.4. Urteile/Arreste, die die Vorinstanz nicht bestätigen

	Bundesgerichtshof	Hoge Raad
Kassation (Zurückverweisung)	79 %	93 %
Revision (Entscheidung in der Sache)	21 %	7 %

Quellen: BGH: Zählkartenstatistik; HR: Bruinsma 1988.

Der Hoge Raad muß mangels prozeßrechtlicher Selektionsfähigkeit sehr viel mehr abweisende Urteilsbegründungen verfassen; der sich vergrößernde Unterschied zwischen den Neuzugängen und den Urteilen (in Tab. 6.3) geht *allein* zu Lasten wachsender Rückstände bei Kassationssachen – Zurücknahmen bleiben beim Hoge Raad zwischen 10 % und 20 %; Nichtannahme ist nicht möglich, wird aber angesichts der wachsenden Warteschlange und damit längeren Prozeßdauer heute in der Gesetzgebungsdiskussion in Erwägung gezogen. Zwei Drittel aller Kassationsverfahren enden ohne Erfolg des Klägers. Vom restlichen Drittel wird der überwiegende Teil zurückverwiesen, jedoch wird auch bei 7 % der erfolgreichen Klagen vom Hoge Raad in der Sache entschieden (‚ten principale beslist'), also das Urteil des Gerechtshofes nicht nur kassiert, sondern revidiert. Der Unterschied zwischen dem deutschen ‚Revisionsrecht' und dem niederländischen ‚Kassationsrecht' ist also kein grundsätzlicher, wohl aber ein gradueller. Im Prinzip behandelt die ‚Revision' den gesamten Prozeß in Hinsicht auf rechtliche Fragen, die ‚Kassation' jedoch nur das Urteil der Vorinstanz. Praktisch jedoch läßt sich zwischen beiden Verfahrensprinzipien keine scharfe Trennlinie ziehen. Das *Schwergewicht* liegt bei beiden obersten Gerichten auf der Zurückweisung an die Vorinstanz. In quantitativ etwas mehr ausgebauter Weise behandelt die Revision des Bundesgerichtshofs „die ganze Sache" (21 %), aber bei Beschlüssen ‚ten principale' tut dies auch der Hoge Raad (7 %). In beiden Ländern allerdings ist die Zurückverweisung (Kassation) dreimal so häufig wie die Entscheidung in der Sache (Revision).

Die Selektion von ‚aussichtsreichen' Fällen und solchen, die von grundsätzlicher rechtlicher Bedeutung sind, ist in der Bundesrepublik ein Privileg der Gerichte selbst. In den Niederlanden obliegt dies den Parteien und ihren Anwälten. Aber auch hier sind die institutionellen Barrieren des Zugangs sehr viel niedriger: Auch in Zivilsachen darf jeder Anwalt, der in Den Haag zugelassen ist, Kassationsverfahren annehmen und vor dem Hoge Raad auftreten. Faktisch konzentrieren sich drei Viertel aller Verfahren zwar auf 4 bis 5 größere Büros (mit durchschnittlich 8 Senior-Anwälten und doppelt soviel jüngeren Sozien). Ein Viertel bis ein Drittel der Zivilverfahren vor dem Hoge Raad kommen von allen übrigen Haagschen Anwälten. Es wird nicht verwundern, daß die bekannten Büros sehr viel höhere Erfolgsquoten verzeichnen, weil sie eine strengere Selektionsfunktion ausüben; die gesamte Anwaltschaft in Den Haag aber kann gerade deshalb nicht streng filtern, weil es keinen Numerus clausus der Zulassung gibt. In Karlsruhe dagegen ist die Zulassung zur BGH-Anwaltschaft in zivilen Sachen streng geregelt. Hier sind 25 bis 30 Anwälte zugelassen. Darüber entscheidet ein Anwaltswahlausschuß, der mit 10 Anwälten (der Bundesrechtsanwaltskammer und der Karlsruher BGH-Anwälte) besetzt ist und ursprünglich mit einer gleichen Anzahl von Richtern (dem Präsidenten sowie je einem BGH-Richter aus seinen seinerzeit 10 Zivilsenaten). Seit die Zahl der Zivilsenate erhöht wurde und damit die der Richter im Anwaltsausschuß, haben die Richter des BGH sogar die Mehrheit in dem Ausschuß, der darüber bestimmt, wer als Anwalt vor diesem Gericht auftreten darf. Auch wenn Anwälte sowie Richter betonen, daß die Auswahl der Kandidaten streng nach Qualitätsgesichtspunkten vor sich gehe, ist es keine Frage, daß diese „Qualität" vor allem darin gesehen wird, daß ein Revisionsanwalt neben der rein juristischen Qualifikation die nötige Ausgewogenheit haben möge, um die Zivilsenate nicht mit Revisionsbegehren zu überhäufen, die nach herkömmlichem Verständnis als aussichtslos angesehen werden. Vereinfacht gesagt, sind die Anwälte in Den Haag stärker an ihrer Funktion gegenüber den Parteien ausgerichtet, die Karlsruher Revisionsanwälte in Zivilsachen an ihrer Funktion gegenüber der obersten Rechtsprechung.

In Karlsruhe ebenso wie in Den Haag haben Revisionsanwälte (mehr noch als Anwälte bei anderen Instanzen) ausdrücklich die Funktion, ihren Mandanten vom Prozeß *abzuraten*, wenn dieser aussichtslos erscheint. Soweit es sich bei den Parteien nicht um Institutionen mit häufiger Prozeßerfahrung handelt, die in einem Testfall gelegentlich eine höchstrichterliche Entscheidung herauslocken wollen, hat sich der Prozeß nach der zweiten Tatsacheninstanz häufig verselbständigt zu einem juristischen Problem, und seine Weiterführung in der Revisionsinstanz kann auch von den Anwälten auf der Basis seiner ‚grundsätzlichen Bedeutung' gefällt werden. Das Parteiinteresse dient in gewissem Sinn als Vehikel für das Allgemeininteresse an der Rechtsfortbildung. Je geschlossener der Kreis der Revisionsanwälte ist, und sicher in einem Fall wie dem der Karlsruher Revisionsanwälte, deren Zahl und Zusammensetzung von den Richtern mitbestimmt wird, desto mehr müssen diese zum ‚Organ der Rechtspflege' im Gegensatz zu dem des Vertreters eines Parteiinteresses werden. Die Kooptierung von nur wenigen Revisionsanwälten entspricht dem vom Gericht gesehenen Prozeßvermeidungsinteresse.

Verständlicherweise betonen Richter noch mehr als Anwälte die Funktion der Obersten Gerichte für die Rechtsvereinheitlichung und die Rechtsfortbildung. Nirgendwo ist so deutlich wie bei den Obersten Gerichten, daß Rechtsprechung ein gemeinsames Unternehmen ist: Schon der Zugang zum Gericht ist von der Argumentationsstrategie der Anwälte beider Parteien, von der Verarbeitung und den Urteilen der 1. und 2. Instanz abhängig, aus deren Interaktion der unbezweifelbare Konsens und der Bereich des möglichen Dissenses definiert wird. ‚Recht' in der obersten Instanz ist nie gesichert, hier wird definiert, was zum Bereich des ungesicherten Rechts gehört. Wer das Für und Wider der Schriftsätze von Revisionsanwälten und wer die Zweifel und die Kontroversen kennt, wird nicht mehr von ‚Rechtsfindung' sprechen, sondern von einem gemeinsamen Setzen dessen, was als ‚Recht' definiert wird.

Die Bedingungen des Konsenses und der Bereich des möglichen Dissenses sind dabei eingegrenzt durch die Zugangskriterien zu dem Kreis der Definitionsbeteiligten. Die Parteien haben den geringsten Einfluß auf den Gang eines Revisionsprozesses. Vor Gericht sind sie unerwünscht: Der Hoge Raad verhandelt nur noch in seltenen Ausnahmefällen mündlich; und der Bundesgerichtshof, dem das Prozeßrecht eine mündliche Verhandlung vorschreibt, bleibt in aller Regel mit dem kleinen Kreis der zugelassenen Anwälte unter sich. Interviews bei Privaten, die in Prozessen vor dem Hoge Raad Partei gewesen sind, weisen aus, daß diese häufig die Übersicht über das verloren haben, was die Anwälte für ihre Interessenvertretung tun. Erst Interviews von Soziologen haben einigen Rechtsunerfahrenen deutlich gemacht, daß ihr Fall und damit auch ihr Name, in die juristische Literatur eingegangen ist und von Studenten aller Rechtsfakultäten als Stichwort für ein bestimmtes dogmatisches Problem gilt[7]. Der Prozeß hat sich in solchen Fällen von der Interessenvertretung der Parteien losgelöst zum Vehikel der Fortentwicklung der Jurisprudenz. Dies gilt nicht für Parteien, die bewußt eine Strategie des Musterprozesses anstreben. Wer in Zukunft eine Präzedenzentscheidung in seiner Geschäfts oder Verwaltungsroutine benutzen will, der kann die Revisionsgerichte strategisch anrufen oder aber aus strategischen Gründen vermeiden, je nachdem wie er den Ausgang des Definitionsprozesses antizipiert.

Bei beiden Gerichten spielt die Zuweisung als Zivilrechtler, Strafrechtler oder (in den Niederlanden als) Steuerrechtler eine entscheidende Rolle, im übrigen gilt das Leitbild des Generalisten, der sich auf jedem juristischen Gebiet einarbeiten kann. Trotz der großen Spezialisierung der verschiedenen Senate beim Bundesgerichtshof gelingt es selten, einen Richter auf seinem Spezialgebiet in einen bestimmten Senat zu holen; Kandidaten mögen dies ebenso anstreben wie der vorschlagende Gerichtspräsident, der Richterwahlausschuß und der letztlich ernennende Justizminister jedoch stellen dies selten in Rechnung. Beim Hoge Raad der Niederlande führt das dazu, daß manche Zivilisten bei der strafrechtlichen oder Steuerkammer beginnen und später zur zivilen ‚aufrücken'. Beim Bundesgerichtshof ist der Wechsel von Senaten jedoch selten. Der Familienrichter, der bei einem Mietsenat begonnen hat, oder der Patentspezialist, der bei einem Senat mit der obersten Rechtsprechung zur unerlaubten Handlung befaßt ist, ist nach einigen Jahren der Spezialisierung in einem neuen Teilgebiet nur noch selten bereit, in sein früheres Spezialgebiet zurückzukehren und sich dort erneut in die mittlerweile weiterentwickelte Revisionsrechtsprechung einzuarbeiten. Weit mehr als beim Hoge Raad bringt die Spezialisierung der Senate beim Bundesgerichtshof mit sich, daß die Bundesrichter für den Rest ihrer beruflichten Karriere auf einem sehr engen Rechtsgebiet höchst spezialisiert tätig sind. Hier werden sie häufig in Redaktionen von Fachzeitschriften gefragt, hier sind sie möglicherweise an einem Rechtsprechungskommentar beteiligt. Hier bestimmen sie zusammen mit den Kollegen ihres Senats, wohin die Rechtsentwicklung sich bewegt.

Die Spezialisierung hat zur Konsequenz, daß die Konsistenz der obersten Rechtsprechung zur prekären Koordinationsaufgabe wird. Schon das Reichsgericht kann-

---

[7] Freek Bruinsma et al.: De Hoge Raad van onderen, Utrecht 1987.

te den „Großen Senat", dem von einzelnen Senaten alle Entscheidungen vorgelegt werden können, die grundsätzliche Bedeutung für die Rechtseinheitlichkeit haben. Beispiele für solche Koordinationsfragen gibt es reichlich viele; etwa wenn das Prinzip des ‚rechtlichen Gehörs' oder die ‚Eigentumsgarantie'[8] und daraus abzuleitende Entschädigungsansprüche von dem einen Zivilsenat anders ausgelegt werden als von dem eines anderen zivilistischen Spezialgebiets. Regelmäßig besprechen die Vorsitzenden der Senate Konkurrenzprobleme informell, und häufig wird dabei eine Absprache gültig, auf welche Auslegungsvariante sich verschiedene Senate einigen können. Regelmäßig wird sowohl der Große Senat für Zivilsachen als auch der für Strafsachen zusammengerufen, um formelle Koordinationsabsprachen zu treffen. Die Zusammensetzung der Großen Senate und Vorlageverfahren sind gesetzlich genauestens geregelt[9]. Dramatischer noch werden Konkurrenzen, wenn sie sich zwischen verschiedenen obersten Gerichten ergeben: Etwa wenn der ‚Gewaltbegriff' im Streikrecht, beim Demonstrationsstrafrecht und bei darauf folgenden Schadensersatzansprüchen im Zivilrecht einheitlich festgelegt werden soll. Das Grundgesetz hat in Art. 95 Abs. 3 einen ‚gemeinsamen Senat' der obersten Bundesgerichte vorgeschrieben, der zwei- bis dreimal im Jahr zusammentritt. Dem Bundesverfassungsgericht ist auch hier nochmals eine normgebende Stellung über dem Gesetzesrecht, mithin außerhalb der formellen Koordination des gemeinsamen Senats, vorbehalten. Es versteht sich von selbst, daß sich zwischen den verschiedenen Organen des Gesetzgebers und den Gerichten formelle und informelle Kontakte sehr verbreitet sind: Beim Bundesgerichtshof liegt in erster Linie der Kontakt zu den Justizministerien auf der Hand, aus deren Karriereaufsicht sich seine Richter rekrutieren, bei den spezialisierten Arbeits-, Sozial- und Finanzgerichtshöfen der Kontakt zu den jeweiligen Fachressorts und beim Bundesverfassungsgericht derjenige zum Rechtsausschuß des Parlaments und zu den rechtswissenschaftlichen Fakultäten im Lande. Der Kreis der Definitionsbeteiligten kann dabei von Entscheidungsfall zu Entscheidungsfall weiter oder enger gezogen sein: Politisch brisant werden Themen, die von den auf die Juristerei spezialisierten Journalisten aufgegriffen werden. Die Karlsruher Justizpressekonferenz zählte bis in die achtziger Jahre 22 Mitglieder, von denen einige sich in der ansonsten etwas provinziellen ‚Justizhauptstadt' niedergelassen haben und damit auf regelmäßige Berichterstattung aus der Welt der obersten Richter angewiesen sind. Andere Fragen können jedoch in der geschlossenen juristischen Fachwelt, manche sogar in derjenigen eines ausdifferenzierten Spezialgebiets bleiben.

Beim Hoge Raad in Den Haag geht es vergleichsweise idyllisch zu. Auch die zivile Kammer kennt Koordinationsprobleme: einfache Fälle werden in einer Dreier-Gruppe entschieden, schwierige in einer Fünfer-Sitzgruppe, und es obliegt den Vorsitzenden der Sitzgruppen, uneinheitlichen Rechtsentwicklungen zuvorzukommen. Zwar wird die Verteilung der Neueingänge von Fällen auf die Sitzgruppen strikt nach dem Los entschieden, doch können die nicht zur Sitzgruppe gehörenden Raads-

---

[8] Brun-Otto Bryde: Der Kampf um die Definition von Art. 14 GG. In: Jahrbuch für Rechtssoziologie und Rechtstheorie 11 (1987) 384–394.
[9] Klaus Müller-Helle: Die Besetzung der großen Senate, Diss., FU Berlin 1975.

6.2 Die Größe des Rechtsbetriebs als Motor der Ausdifferenzierung 91

heren jederzeit zur Beratung hinzugezogen werden. Die zivile Kammer sieht sich gegenüber dem Rechtsuchenden als eine Einheit und kann sich intern eine flexible Handhabung der Norm des ‚gesetzlichen Richters' erlauben. Bei den öfters vorkommenden Konkurrenzen zur Straf- oder Steuerkammer des Hoge Raad kann der Vorsitzende ohne Formalitäten zu einer Besprechung laden; auch ist der Kreis der Richter und das Haager Gesellschaftsleben so übersichtlich, daß allgemeine Fragen im Rahmen der regelmäßigen Höflichkeiten besprochen werden können (nicht jedoch ein einzelner Fall – darüber spricht man nicht außerhalb der Beratung). Das oberste Gericht in Den Haag ist noch ein ‚Club', der nicht nur fachlich, sondern insbesondere auch gesellschaftlich ein hohes Maß an Konsens und damit Auslese voraussetzt, innerhalb dessen die Bereiche des Dissenses auch über die politischen Fronten und die versäulten Interessengruppen hinweg geregelt werden können.

Die obersten Richter in den Niederlanden können die Vorteile des kleinen Kreises nutzen, um formelle Koordinationsprobleme nicht erst aufkommen zu lassen. Hilfreich ist dabei, daß nicht nur die Justiz des Landes eine sehr viel kleinere Betriebsgröße aufweist, sondern auch der rechtswissenschaftliche Betrieb. Bislang 8, heute 9 zum Teil recht kleine Rechtsfakultäten versorgen die Fachliteratur mit jährlich zwischen 20 und 40 Dissertationen – in der Bundesrepublik Deutschland weist das Hochschulschriftenverzeichnis für die Rechtsfakultäten jährlich allein etwa 600 Dissertationen und zwischen 20 und 30 Habilitationen auf[10]. Auch der Zeitschriftenwald in den Niederlanden ist wesentlich kleiner: eine juristische Bibliothek hat höchstens 67 niederländische Fachzeitschriften zu abonnieren, während die Bibliothek des Bundesgerichtshofs allein 185 juristische Zeitschriften auf ihrer Preisliste stehen hat, die eine Priorität angibt, daß sie entweder für das juristische Fachpublikum insgesamt oder aber für spezialistische Rechtsgebiete von ‚größerer Bedeutung' ist[11]. In irgendeiner dieser Zeitschriften wird beinahe jegliches Urteil des Bundesgerichtshofes abgedruckt: 1985 mußten 783 Urteile (plus 1 120 Beschlüsse) allein im Zivilrecht vom Bundesgerichtshof und 487 Urteile des Bundesarbeitsgerichts von der juristischen Fachwelt verarbeitet werden, während die niederländische Profession mit 162 Arresten (plus 189 Beschlüssen) des Hoge Raad im Zivilrecht auskommt.

Nicht einmal die Erwartung, daß bei der großen Anzahl von höchstrichterlichen Entscheidungen eine strenge Selektion der ‚leitsatzfähigen' Urteile und der Veröffentlichungen stattfinden würde, ließ sich bestätigen: Die Zivilsenate stellen bei 70 % ihrer Urteil einen Leitsatz vorweg, weitere 15 % werden auch ohne Leitsatz in Spezialzeitschriften veröffentlicht. Trotz der großen Produktion von höchstrichterlichen Urteilen ist damit die Selektion der Publikatonen *geringer* als in den Niederlanden: Von der so viel kleineren Zahl von Arresten des Zivilsenats gelangen etwa 70 % zur Veröffentlichung. Bei den Strafsenaten wurde bislang lediglich die Hälfte aller Urteile einer Veröffentlichung für wert befunden (ebenso wie in den Niederlanden).

---

[10] Eigene Auszählung BRD: Hochschulschriftenverzeichnis 1986/87, sowie NL: Bibliografie van de Nederlandse proefschriften 1980–1983 (leider noch keine neuere Dokumentation erschienen). Die Rechtsfakultäten haben in NL 1980: 27, 1981: 38; 1982: 42; 1992: 58 Promotionen angenommen.

[11] Angaben der Bibliothek des BGH; NL: Zeitschriftenverzeichnis von Data Juridica.

6. Soziologie der Rechtsmittel

Seit 1986 die BGH-Rechtsprechungssammlung erscheint, entgeht keine Entscheidung der obersten Richter mehr der Veröffentlichung. Die vollständige Dokumentation in dieser Loseblattsammlung ist übrigens eine Vorwegnahme der Computerisierung in der Rechtsprechung: Die größere Verarbeitungskapazität der neuen Dokumentationstechnologie zwingt die Benutzer, noch mehr Rechtsprechungs-Menge zu berücksichtigen. Technologische Vereinfachungen schaffen zugleich vermehrte Differenzierungen, denn das System hat noch eine Kapazitätsgrenze weniger.

Es leuchtet ein, daß die Übersicht über die rechtswissenschaftliche Produktion in der Bundesrepublik auch dem Experten nur noch auf seinem Spezialgebiet möglich ist, während ein niederländischer Jurist sich noch einen generellen Überblick oder auch die mehr als selektive Verarbeitung ausländischer Rechtsentwicklungen leisten kann. Die kleinere Rechtsprechungsproduktion in den Niederlanden macht es möglich, weniger Urteile gründlicher zu diskutieren. ‚Annotationen' zur Rechtsprechung des Hoge Raad gehören für manchen Hochschulprofessor zum Kern seiner Publikationstätigkeit: Die Literaturgattung der Annotation macht Rechtsprechung und Rechtswissenschaft zu einer Diskurs-Einheit – nicht zuletzt angetrieben durch das Karriere-Interesse vieler Professoren, einmal für das oberste Gericht nominiert zu werden. Auf der anderen Seite sind die Begründungen der Urteile beim Bundesgerichtshof ausführlicher, mit Verweisen auf frühere Urteile und wissenschaftliche Literatur[12]. Der Hoge Raad begann in der Tradition der knappen Begründungen des französischen Kassationshofes, begründet jedoch heute ausführlicher als dieser, allerdings weniger wissenschaftlich als die deutschen Bundesrichter, sondern eher auf pragmatische Konsequenzen der Arreste gerichtet.

Der Blick über die Grenzen zur benachbarten Rechtskultur weist auf Größenunterschiede, die sich nicht auf die obersten Gerichtshöfe, sondern auf den gesamten Betrieb der Jurisprudenz erstrecken. Sie sind nicht nur bedingt durch die Größe der beiden Länder, sondern noch verstärkt durch den Größenunterschied der juristischen Profession in Relation zur Bevölkerungsgröße. Nicht nur das Gerichtswesen, auch die Fakultäten und die Zahl der Veröffentlichungen auf juristischem Gebiet sind in den Niederlanden sehr viel kleiner; und schließlich gibt es bei allen juristischen Berufen von den Anwälten über die Richter bis zu den Verwaltungsbeamten oder privatwirtschaftlichen Managern in der Bundesrepublik Deutschland zwei- bis dreimal soviel Juristen als in den Niederlanden. Die Annahme, daß post-industrielle Länder, zumal Wohlfahrtsstaaten auf gleichem Entwicklungsniveau wie die Bundesrepublik Deutschland und die Niederlande, auch ein gleiches Maß an Ausdifferenziertheit des Rechts erfordern, um soziale, politische und wirtschaftliche Entwicklungen zu steuern, erweist sich im internationalen Vergleich als empirisch unhaltbar. Man braucht nicht nach Japan zu reisen, um Länder anzutreffen, die mit sehr viel weniger Rechtsinstitutionen ein ebenso hohes Maß an Geregeltheit erreichen, die in der deutschen Tradition als genuine Aufgabe des Rechtsbetriebs angesehen wird. Zwar beobachten wir eine Konvergenz der Ausdifferenzierung von spezialistischen Rechtsbereichen in allen entwickelten Ländern, so auch heute in den Niederlanden, jedoch be-

---

[12] Vgl. Hein Kötz: Die Begründung höchstrichterlicher Urteile. Préadvies voor de Nederlandse Vereniging voor Rechtsvergelijking, Nr. 32, Deventer 1982.

wegt sich solche ‚Verrechtlichung' von bislang nicht-legalistisch geregelten Bereichen von Land zu Land trotz gleichem sozial-ökonomischem Entwicklungsstand auf sehr unterschiedlichem Spezialisierungsniveau. Man kann daraus schließen, daß das Ausmaß an rechtlicher Differenziertheit nicht von der *Nachfrage* allein bestimmt ist, sondern daß es ebenso sehr abhängt vom *Angebot* der juristischen Profession und aller ihrer Institutionen. In bewußter Überspitzung kann man die allgemeine Unterstellung umdrehen: Die Größe des Justizbetriebs bestimmt die Ausdifferenzierung des Rechts, nicht umgekehrt.

7. Indikatorenvergleich von Rechtskulturen

7.1 Nachfrage und Angebot von Recht: Internationale Vergleiche

Den Deutschen stehen mehr Gerichtswege offen als allen ihren Nachbarn. Nicht nur decken Fachgerichte alle Bereiche des öffentlichen Lebens ab und bieten sie prinzipiell Berufungs- und Revisionsmöglichkeiten, über sie hinaus besteht auch noch der Weg zur Verfassungsgerichtsbarkeit und gegebenenfalls noch der Möglichkeit des Anrufens von europäischen Gerichten. Jede einzelne Gerichtsinstanz arbeitet (relativ im internationalen Vergleich) schnell und effizient. Wenn dennoch in Deutschland über „die ständig steigende Prozeßflut" gejammert wird, bezieht sich dies in erster Linie auf die Rechtsmittelhäufigkeit. Wenn eine Partei alle Möglichkeiten von Beschwerden, Berufungen und sogar Revision ausschöpft, kann sie den Prozeß für die Gegenpartei sehr lange hinzögern. In anderen Ländern scheinen ganz andere Probleme im Vordergrund zu stehen, so etwa in den Vereinigten Staaten die vielen Greuelgeschichten über unglaubliche Schadenersatzforderungen, die dann mit den Erfolgshonoraren von Anwälten und der Rechtsprechung von Jurys im Zivilprozeß solch hohe Summen erreichten, daß die Juristen in manchem internationalen Vertrag einen amerikanischen Gerichtsstand ausschlossen und daß die Versicherungen ihre Prämien erhöhten. Allerdings kann man von solchen spektakulären Fällen nicht auf eine allgemeine ‚Prozeßflut' verallgemeinern. Die dramatisierten Einzelfälle des Haftungsrechts verdecken eher die strukturellen Probleme der amerikanischen Justiz, die man nur verdeutlichen kann, wenn man untersucht, von welchen Parteien eigentlich Prozesse herrühren, welche Streitgegenstände sie betreffen und welche sozialen Konflikte dem Rechtsstreit zugrunde liegen.

Wenn man eine solche Untersuchung unternimmt und alle soziale Konflikte eines Lebensbereichs erfaßt, die *potentiell rechtlich* sein könnten, stellt man immer wieder fest, daß die Prozeßhäufigkeit sehr viel größer sein könnte, als sie tatsächlich ist. Auch der internationale Vergleich, dort wo man über die Zahl der Ausgangskonflikte einige statistische Kenntnisse hat, macht es deutlich. So etwa führen Kalifornier nach einem Verkehrsunfall doppelt so viele Prozesse als Japaner, deutsche Autofahrer wiederum beginnen nochmals doppelt soviele Unfallprozesse als die Kalifornier, wogegen in die niederländischen Nachbarn nicht einmal halb so viele Verkehrsunfallprozesse führen als die Japaner (immer als Quote bezogen auf die Zahl der Unfälle mit Verletzungen). Die Erklärung für solch große Unterschiede ist nicht durch einfache Kausalzuschreibungen zu finden, etwa durch den Verweis auf die konfliktvermeidende Tradition japanischer Sozialbeziehungen im Vergleich zu der adversatorischen Neigung der Amerikaner. Mentalitätsunterschiede müssen in juristische Institutionen übersetzt sein, bevor sie statistisch meßbare Auswirkungen zeigen. Der Unterschied der Prozeßhäufigkeit unter den Deutschen nach einem Verkehrsunfall zu den benachbarten Niederländern ist schon gar nicht aus verschiedenartiger Mentalität zu erklären. Es sind ja in erster Linie die Versicherungen, die eine Schadensabwicklung handhaben, und deren Regulierung mehr oder weniger juristische Konfliktkosten einkalkuliert. Sind diese Konfliktkosten sehr hoch, so können sich die Versicherten dagegen wieder mit einer eigenen Rechtsschutzversicherung decken. Mentalitätsunterschiede und auch Kostenunterschiede spielen dann im Einzelfall keine eigenständig verhaltenssteuernde Rolle, da das gesamte institutionelle Netz individuellen Rechtsuchenden ein vorgefertigtes Konfliktbewältigungsmuster bereit hält.[1]

Sehr verschiedenartige Institutionen können das Prozessieren fördern oder helfen, es zu vermeiden. Eine der Alternativen zur juristischen Konfliktbearbeitung ist die durch Ämter, so wie sie etwa bei Ehescheidungen in Dänemark oder in Japan die Regel ist. Während in den meisten westlichen Ländern ein gerichtliches Verfahren vorgeschrieben ist als Bedingung einer Ehescheidung, erlauben fernöstliche Länder und etwa auch Dänemark eine einverständliche Scheidung vor einem Amtmann, ähnlich demjenigen, der die Eheschließung vollzieht. Dabei bedeutet das Vermeiden von Gerichten in diesen Ländern nicht in erster Linie das Entfallen von Regeln, sondern könnte geradezu der Indikator des Gegenteils sein, wenn amtliche Behörden den Abbruch von Sozialbeziehungen regeln und nicht die Parteien sich darüber untereinander streiten, dann kann dies mehr autoritativ wirken als die Entscheidung eines Richters nach streitiger Auseinandersetzung. Gerichtsverfahren können ein Indikator für die Emanzipation der privaten Parteien und ihrer Autonomie gegenüber verbindlichen Allgemeinregeln bedeuten, die ‚Vergerichtlichung' eines Konflikts bedeutet die Institutionalisierung von Streit, und nicht nur die der ‚Verrechtlichung' eines Lebensbereiches.

Es gibt auch andere Formen ‚alternativer Konfliktregelungen'. Am größten ist der Variantenreichtum auf dem Gebiet der Arbeitsbeziehungen: Die Auseinandersetzungen zwischen Gewerkschaften und Arbeitgebern in Großbritannien etwa bildeten bis zum Beginn der 1970er Jahre einen Bereich außerrechtlicher Regelungen; die Einführung von Arbeitsgerichten, die nach 1974 effektiv wurde, bedeutete einen Durchbruch durch die traditionell antilegalistische Haltung der britischen Gewerkschaften. Wo hier das institutionelle Muster an kontinentale Vorbilder angeglichen wurde, ist auch heute noch die Prozeßhäufigkeit in Großbritannien viel niedriger als in Frankreich, Belgien oder Deutschland, nur in dem letzteren widerum hat sich ein Muster herausgebildet, bei dem mehr als zehn Prozent aller Kündigungen aus dem Arbeitsverhältnis durch die Gerichte geregelt werden müssen.

Schlichtung, Beschwerdeverfahren, Verbrauchertribunale, Ombudsleute oder Mietkommissionen – alle solche Institutionen werden in Prozeßvermeidungskulturen institutionalisiert, weil in mehr prozeßfreudigen Kulturen wie in Deutschland

---

[1] Vgl. Christiane Simsa: Gerichtliche und außergerichtliche Abhandlung von Verkehrsunfällen in Deutschland und in den Niederlanden, Diss., VU Amsterdam 1995.

derartige Einrichtungen schwierig zu errichten sind, nur unter restriktiven Bedingungen arbeiten können oder gar nicht erst entstehen. Auf den ersten Blick könnte man meinen, daß Prozeßvermeidung vor allem bei kleineren Ländern leicht fällt: Dagegen jedoch spricht, daß Belgien oder auch Österreich zu den besonders prozeßfreudigen gehören, während ein bevölkerungsreiches Land, so wie Japan, das bekannteste Beispiel bildet für eine Prozeßvermeidungskultur.

Leider geben allgemeine statistische Durchschnitte die Wirkung von außergerichtlichen Alternativen nur unzureichend wieder. Der Hauptgrund kann darin gefunden werden, daß es auch innergerichtlich ‚Alternativen' gibt. Dort wo Gerichte viele routinemäßige Vorgänge bearbeiten, bieten sie häufig summarische Verfahren an: Das Mahnverfahren, mit dem in Deutschland ohne großen Aufwand Geldforderungen eingetrieben werden können, ist hierfür das bekannteste Beispiel. Solch Verfahren erleichtert auf der einen Seite den Weg zum Gericht, sie ermöglichen in der Regel auch durch Widerspruch in ein Hauptverfahren zu gelangen, auf der anderen Seite aber nehmen sie Verfahren vorweg, die in Ländern ohne solches Angebot im normalen Prozeßregister mitgeführt werden müssen. Aufgrund dessen etwa sind die Prozeßraten in Dänemark relativ hoch, weil hier ein Großteil der Schuldforderungen, die mit einem Versäumnisurteil erledigt werden, in der Statistik mitzählen. Zur Interpretation sollte man deshalb auch eine Berufungsquote (hier berechnet als zweitinstanzliche Verfahren je eine Million der Bevölkerung) einbeziehen, die zusammen mit dem erstinstanzlichen Prozeßaufwand die Prozeßfreudigkeit von Rechtskulturen vergleichend zu messen in der Lage ist.

Tab. 7.1. Zivilverfahren je 1 Million Einwohner (1984)

Zivilverfahren	Einschießlich Schuldbeitreibung	Streitig ohne	Berufung
Prozeßfreudige Rechtskulturen			
Österreich	108 000	50 200	4 300
Belgien	*	48 000	5 360
BR Deutschland	94 000	35 610	2 510
Rechtskulturen im Mittelfeld			
Frankreich	36 900	19 500	2 500
Italien	24 000	16 400	1 450
Prozeßvermeidende Rechtskulturen			
Dänemark	*	48 000	640
Niederlande	16 000	14 300	370
Japan (incl. summarischer Familienverfahren)	*	5 000	150

* Keine summarische Schuldbeitreibung.

Quelle: Christian Wollschläger, in: Blankenburg, Prozeßflut?, Köln 1989.

Der Vergleich von Ländern, die sich auf gleichem wirtschaftlichen und sozialen Niveau befinden, ist wie ein natürliches Experiment. Wir können davon ausgehen, daß zwischen den Niederlanden, der (alten) Bundesrepublik Deutschland und Dänemark ein gleichartiges Niveau an Basisproblemen vorliegt, die potentiell zu Rechtsstreit führen könnten. Wohlfahrtsstaaten mit Konkurrenzwirtschaft, einem hohen Urbanisierungsgrad, vielerlei gemeinsamen sozialen Traditionen können davon ausgehen, daß auf der *Nachfrageseite* sich ähnlich häufig Basisprobleme stellen, die *potentiell* rechtliche Konflikte werden könnten. Ob sie es tatsächlich werden, und vor welchem Forum sie ausgetragen werden, darüber entscheidet das *Angebot der rechtlichen Infrastruktur*.

Dieses Angebot ermutigt Rechtsuchende in Deutschland eher Anwälte und Gerichte aufzusuchen und dort hartnäckiger zu prozessieren, als dies holländische oder dänische Rechtssuchende tun, denen eher ein ‚alternatives' Forum für ihre Basisprobleme angeboten wird. Andere Rechtskulturen dagegen, wie etwa Japan oder auch die einst sozialistischen Länder, weisen schon auf der Nachfrageseite unterschiedliche Basisprobleme auf, sie unterscheiden sich zudem noch auf der Angebotsseite in der Infrastruktur von gerichtlichen und anderen rechtlichen Foren, und sie unterscheiden sich auch darin, wie weit sie Konflikte gänzlich außerrechtlich definieren und verarbeiten. Um Rechtskulturen zu vergleichen, sollte man daher auch auf die Angebotsseite schauen. Beim ersten Zugang empfehlen sich auch hier ganz einfache Indikatoren. Allein die Zahl von Richtern und Rechtsanwälten gibt zu denken.

Tab. 7.2. Richter und Rechtsanwälte je 1 Million Bürger (1992)

	Rechtsanwälte	Richter
Prozeßfreudige Rechtskulturen		
Österreich	370	200
Belgien	960	200
Westdeutschland	1 030	290
Rechtskulturen im Mittelfeld		
Frankreich	410	110
Italien	1 030	100
Prozeßvermeidende Rechtskulturen		
Dänemark	740	100
Niederlande	460	100
Japan	90	20

Quellen: Rechtsanwälte: Eurostat; Richter: Justizministerien.

Kausal gesehen könnte man die Korrelationen der Rangordnungen von Prozeßhäufigkeit und juristischen Personal in beiden Richtungen interpretieren: Gängig dürfte sein, die Kapazität von Gerichten dafür verantwortlich zu machen, wie anziehend oder abschreckend sie sind. Da die deutschen Gerichte relativ effizient arbeiten, besteht weniger Grund als anderswo, um sie zu vermeiden.

In der rechtsvergleichenden Literatur wird allgemein betont, wie sehr sich die Rolle von Richtern und Rechtsanwälten zwischen kontinentalen und anglo-amerikanischen Rechtssystemen unterscheidet. Neben vielfältigen Unterschieden der Berufsbilder und Karrieremuster kann dabei auch ein prozeßrechtlicher Unterschied angeführt werden: Während der Richter sich im ‚trial' der englischen Tradition al-

7.1 Nachfrage und Angebot von Recht: Internationale Vergleiche

lein auf den Vortrag der Parteien und ihrer Anwälte zu beschränken und entsprechend schon im Vorverfahren zur Vermeidung von Befangenheit weitgehend passiv zu bleiben hat, bereitet der kontinentale Richter jede Verhandlung aktenmässig vor und nimmt auch in der Verhandlung in der Regel eine pro-aktive Rolle ein[2]. Damit sind die Gewichte der forensischen Arbeitsteilung zwischen Richtern und Anwälten sehr unterschiedlich verteilt: Vor dem englischen und amerikanischen Prozeß verwenden die Anwälte beider Seiten viel Zeit auf die Vorbereitung von Argumenten und Beweisen, vieles auf bloßen Verdacht, womit die Gegenpartei in der mündlichen Verhandlung möglicherweise aufwarten wird. ‚Inquiry' der Anwälte vor dem Prozeß und rhetorische Dramaturgie in der mündlichen Verhandlung entscheiden; beide erfordern aufwendige Anwaltsarbeit. Allerdings muß man auch hinzufügen, daß der Aufwand faktisch eine Gegenreaktion herausgelockt hat: Nur eine Minderheit der Strafverfahren, und erst recht der (amerikanischen) Zivilverfahren wird tatsächlich im ‚trial' verhandelt, der größere Teil wird vorweg im ‚pretrial' oder (unter der Drohung eines anhängigen ‚trials') im außergerichtlichen Vergleich erledigt. In jedem Stadium, dem des ‚trial', pretrial' oder der außergerichtlichen Verhandlung sind die Anwälte entscheidend und bleibt der Richter weitgehend passiv (im pre-trial naturgemäß etwas weniger als bei den anderen Stadien).

Das kontinentale Verfahren ließe sich am ehesten mit einem langgezogenen ‚pretrial' vergleichen, mit dem Unterschied allerdings, daß das Darstellen aller relevanten Argumente und Sachverhalte in der Akte, und damit das schriftliche Vorgehen mehr als in irgendeinem anglo-amerikanischen Prozeßstadium (und in manchen Rechtskulturen sehr viel mehr[3]) vorherrschend wären. Die Akte bestimmt den Prozeßstoff und der Richter die Verhandlung; aus der schriftlichen Vorbereitung werden die noch offenen Fragen enwickelt und auf sie beziehen sich die Interventionen der Anwälte. Es verwundert daher nicht, daß in kontinentalen Rechtskulturen der Prozeß weniger von den Anwälten, und stärker von den Richtern dominiert ist.

Jedoch können diese prozeßrechtlichen Unterschiede nicht die großen Unterschiede erklären, die sich beim Vergleich von Anwalts-und Richterhäufigkeiten von Land zu Land zeigen. Daß die Niederländer bis vor kurzem mit etwa 300 Rechtsanwälten je 1 Million Einwohner auskamen, während gleich viele US-Amerikaner etwa 3 000 Anwälte beschäftigen, kann nur zum geringsten Teil mit dem Prozeßrecht erklärt werden; der größte Teil des Unterschieds rührt von der ungleich weiteren Palette der außerforensischen Funktionen der amerikanischen Anwälten, vor allem beim Kauf von Immobilien, aber auch von Autos, Kreditgewährung oder anderer Formen von Vertragschließung, -änderung oder Konflikten um diese. Zum Prozeß kommt es bei alltäglichen Rechtsgeschäften nur in Ausnahmefällen; aber wie weit diese durch Anwälte oder aber durch andere (meist nicht völlig rechtsfremde) Professionen besorgt werden, darin unterscheiden sich Rechtskulturen erheblich.

---

[2] Vgl. John Langbein: The German Advantage in Civil Procedure, University of Chicago Law Review 52 (1985) 823–857.
[3] Vgl. Cappelletti: Procedure orale et procedure ecrite, Milano 1971.

7.2 Vergleich der kommunistischen mit westlichen Rechtskulturen

Erhellend für unser Selbstverständnis ist der Vergleich zu juristischen Professionen in anderen Sozialordnungen – wie etwa der der einst kommunistischen Länder. Unter dem Kommunismus (so wie in der hier verglichenen DDR) gab es kaum Rechtsanwälte, eine bescheidene Zahl von Berufsrichtern und fast ebenso viel Staatsanwälten, und eine überwältigend große Zahl von Laienrichtern, die allerdings oft nur sehr gelegentlich in Schiedskommissionen oder den sogenannten ‚gesellschaftlichen Gerichten' zu Gericht saßen.

Staatsanwälte hatten im sozialistischen Rechtssystem eine zentrale Funktion als Vertreter der gesellschaftlichen Interessen gegenüber den individuellen; sie vertraten das Interesse des Staates bei der Überwachung der ‚Gesetzlichkeit' in der Lenkung der Planwirtschaft, und sie kontrollierten die Rechtssprechung bis in Urteilsbegründungen und Strafzumessungen hinein. Da im real existierenden Sozialismus die ‚Interpretation der Gesetzlichkeit' von zuweilen rasch wechselnden Leitlinien der politischen Machthaber abhängig war, entstand neben dem gesetzlichen Rahmen eine Pseudo-Gesetzgebung von Dekreten, internen Anweisungen und direkten Eingriffen in die Rechtsprechung. Staatsanwälte hatten neben der offenen Rüge im Rahmen der Richterkontrolle auch indirekte Einwirkungsmöglichkeiten auf die Versetzung und Karriere der Richter. Es ist deutlich, daß hierin ein ‚Absterben des Rechts' in einem von Marx nicht gemeinten Sinn beschlossen liegt, und zweifelsohne keineswegs ein ‚Absterben des Staates'. Damit hängt auch zusammen, daß die besonderen Gerichtsbarkeiten der Verwaltungs-, Sozial- und Finanzgerichte, die dem einzelnen Bürger Einspruchsmöglichkeiten gegen Entscheidungen von obrigkeitlichen Verwaltungen gewähren, nicht existierten. Verwaltungsbeschwerden gab es in der DDR in großer Zahl in der Form von ‚Eingaben' an die Behörden, Gewerkschaften, Partei oder an Funktionsträger persönlich. Alle diese gesellschaftlichen Organe, damit häufig mehrere zugleich waren befugt solche Eingaben zu bearbeiten und gegenüber der zuständigen Stelle auch zu vertreten. Für unseren Zusammenhang ist wichtig, daß sie an Stelle einer richterlichen Überprüfung traten, und daß bei ihnen eine anwaltliche Vertretung, wenn nicht ausgeschlossen, so doch zumindest untunlich war.

Insgesamt, kann man anhand der Prozeßtätigkeit feststellen, spielten die Gerichte bei der Konfliktaustragung in sozialistischen Ländern eine untergeordnete Rolle; vieles was in kapitalistischen Ländern zu Rechtskonflikten führt, wurde in sozialistischen Ländern als ‚gesellschaftlicher Konflikt' politisiert und entsprechend der Machtstrukturen des Komplexes von Staat-Partei-und-gesellschaftlichen-Organen abgehandelt. Das gilt im Strafrecht insbesondere für die ‚gesellschaftlichen Gerichte': Dies sind Kommissionen mit gewählten Laienrichtern, die in Nachbarschaften und in Betrieben eine teils streitschlichtende, teils disziplinäre Aufgabe erfüllen. Etwa ein Viertel aller Strafverfahren (Vergehen von geringer Schwere) wurden an diese Kommissionen verwiesen. Nicht aufgenommen in der Justizstatistik sind die ‚wirtschaftlichen Gerichte', bei denen unter Aufsicht des Wirtschaftsministeriums etwa 120 Richter tätig waren mit einer unbekannten Anzahl von Streitfällen unter staatli-

7.2 Vergleich der kommunistischen mit westlichen Rechtskulturen   101

chen und genossenschaftlichen Betrieben. Undeutlich bleibt, wie weit ihre Urteilsfindung von Gesetzen, wie weit von Leitlinien der Wirtschaftslenkung bestimmt war; ähnlich wie Schiedsstellen und Arbitrage im Westen werden sie daher nicht zur ‚Justiz' gerechnet.

Tab. 7.3. Zahl und Rate der Richter und Rechtsanwälte in beiden deutschen Staaten und den Niederlanden (1988/89)

	BRD	DDR
Berufsrichter	17 600	1 493
je 1 Mio. Einwohner	293	90
Staatsanwälte	4 310	1 237
je 1 Mio. Einwohner	72	75
Rechtsanwälte	54 000	599
je 1 Mio. Einwohner	731	38

Quellen: Statistische Jahrbücher.
BRD: 12 409 Richter an ordentlichen Gerichten plus 4 200 Verwaltungs-, Sozial-, Finanz- und Arbeitsrichter; STA: inkl. 871 Amtsanwälte.

Tab. 7.4. Streitige Prozesse (Entscheidungen in erster Instanz) nach Rechtsbereichen (1988)

Bevölkerung	BRD 61 Mio.	DDR 16 Mio.
Zivilgerichte:		
– Allg. Zivilrecht	1 672 000	62 000
– Ehescheidungen	159 000	49 500
– Arbeitsrecht	367 000	15 000
Strafgerichte:		
– Verurteilte	691 000	58 400
Gesellschaftliche Gerichte		18 900
Sozialgerichte	168 000	–
Steuersachen	43 000	–
Verwaltungsgerichte	117 000	–

Quelle: Alle Angaben aus den amtlichen Statistiken der Justiz.

Unterschiede in der Prozeßhäufigkeit – und damit der Justiziabilität von Konflikten – gibt es auch unter den kapitalistischen Ländern, und zwar selbst unter solchen mit sehr gleichartigen Rechtssystemen wie der Vergleich zwischen den Niederlanden und der Bundesrepublik Deutschland zeigt. In der Bundesrepublik wird schon in der ersten Instanz etwa so häufig prozessiert wie in einigen für ihre Prozeßfreudigkeit berüchtigten Staaten der USA (etwa Kalifornien); in den Berufungsinstanzen dank des kontinentalen Prozeßrechts sogar deutlich häufiger als in angloamerikanischen Ländern. In den Niederlanden dagegen liegen die Prozeßhäufigkeiten eher in der Nachbarschaft der sozialistischen DDR. Es ist selbstverständlich, daß die Erklärung für die Unterschiede zwischen kapitalistischen Ländern nicht im Ausmaß der potentiellen Rechtsprobleme, auch nicht im materiellen oder Prozeßrecht beschlossen liegt, sondern in der Infrastruktur von außergerichtlichen Alternativen für das Austragen (gleichartiger, durchaus rechtsrelevanter) Konflikte. Die Behandlung der sozialen Stellung von Richtern und Rechtsanwälten wird daher vor dem Hintergrund entwickelt werden müssen, welche Institutionen und Zugangsmöglichkeiten Rechtsuchende zur Auswahl haben, und wo die Scheidungslinien verlaufen zwischen (faktisch)justiziellen und außer-justiziellen Problemen. Gelegentlich wird dabei deutlich, daß es eine Wechselwirkung gibt zwischen den Karrieremustern von Juristen und der Justizfreudigkeit der Konfliktaustragung der jeweiligen Rechtskultur.

Berufsbilder und Karrieremuster von Juristen sind abhängig von den vielfältigen Regelungen ihrer Ausbildung und Berufe. Hier hatte die DDR eindeutig das striktere Regelsystem. Die Wahl der Studienrichtung und Fakultät bestimmte schon die späteren Vermittlungschancen in eine Berufsposition; Richter wurden zwar für jeweils fünf Jahre im Rahmen der Wahlen zu Gemeinderäten und Parlament gewählt, jedoch beruhte die Chance hierzu auf der Plazierung auf Einheitslisten aufgestellt durch gesellschaftliche und staatliche Organisationen; Wiederwahl war die Regel, Absetzungen erfolgten typisch während der Wahlperioden auf Andringen des Ministeriums oder von Parteiorganisationen, nicht bei Neuwahlen. Die enge personelle Verflechtung von Fakultäten, Gerichten und Justizministerium, dazu hin mit Querverbindungen zur Doppelbürokratie der jeweils zugeordneten Parteiorganisationen, die Verbindung von gesellschaftlichem Erziehungsauftrag mit hierarchischer Richterkontrolle, und die Abhängigkeit von Beförderung oder Versetzung von dem gesamten Netz von Chancen und Kontrollen, machten die kommunistische Justiz zu einem wenig autonomen Teil der Staatsgewalt. Richtererhebungen allerdings zeigen, daß die zentralistische Kontrollintention auch ihre Grenzen hatte[4]. Zwar waren fast alle Berufsrichter Mitglied der Einheitspartei, jedoch zeigten die meisten mit längerer Berufserfahrung ein erhebliches Maß an Gleichgültigkeit gegenüber Karriereabhängigkeiten und entwickelten Attitüden professioneller Unabhängigkeit. Dies ist umso erstaunlicher als bei allen Spruchkörpern der ersten Instanz Laienrichter als Schöffen mitwirkten. Zusammen mit den ‚Gesellschaftlichen Gerichten' in Wohnbezirken und ‚Konfliktkommisionen' in Betrieben betonte die Teilnahme von Laienrichtern eine volksnahe Verankerung der Justiz; gleich wie man deren Anteil an der Spruchpraxis einschätzt, blieb die breite Beteiligung von mehr als 59 000 gewählten Schöffen und beinahe 57 000 Mitgliedern von Schiedskommissionen[5] ein edukativer Faktor. Vorherrschend erscheint eine Ideologie des in sozialistischen Rechtstheorien stark betonten Erziehungsauftrags der Justiz; bei den Berufsrichtern verbunden mit oft defensiver Argumentation mit der Bindung an das positive Recht.

Mehr Unabhängigkeit konnte erringen, wer den Weg in ein Anwaltskollektiv wählte; zur Einzelpraxis zugelassene Anwälte waren selten. Örtlich und persönlich unterschiedlich blieb allerdings wie weit die Orientierung am Interesse der Mandan-

---

[4] Vgl. Roswitha Svensson: Repräsentativbefragung der Richter in der DDR, unveröff., Akademie der Wissenschaften der DDR, Berlin 1990.

[5] Alle Angaben aus dem Bericht über die Justizwahlen 1989, in: Neue Justiz 8 (1989) 303.

7.2 Vergleich der kommunistischen mit westlichen Rechtskulturen

ten die Zusammenarbeit mit staatlicher Überwachung ausschloß. Die allgegenwärtige Doppelmoral kommunistischer Regime, die das ökonomische Plansystem mit einer Schattenwirtschaft, die rigide strafrechtliche Verfolgung von ‚Republikflucht' mit einem Abkaufsystem aufrecht erhielten, brachte Rechtsanwälte unausweichlich in Konflikt zwischen offiziellen Regeln und inoffiziellen Normen, Mandanteninteressen und Staatsauflagen.

Im Vergleich zum realen Sozialismus ist die Juristenausbildung in der Bundesrepublik relativ autonom. Jedenfalls steht den Juristen nach Abschluß aller Examina die Wahl unter verschiedenen Karrieremustern frei; im Vergleich zu anderen europäischen Ländern jedoch fällt die deutsche Ausrichtung der universitären Ausbildung am Ersten Staatsexamen als Beschränkung der Lehrfreiheit auf; erst recht erscheint die anschließende Referendarzeit mit dem Zweiten Staatsexamen als ein Relikt aus den Zeiten, da der Juristenstand das Rückgrat von Beamtentum und Staatsgewalt ausmachte. Im anglo-amerikanischen System obliegt die Zulassung zu juristischen Berufen traditionell der Anwaltschaft; bei den meisten kontinentalen Nachbarländern wird sie für die (meist kürzere) Ausbildung von den Universitäten wahrgenommen, um danach berufsspezifisch von Richter- oder Anwaltsakademien fortgeführt zu werden.

Soweit die Idee des ‚Rechtsstaats' verbunden wird an die Maxime, daß die Justiz unabhängig sein solle von anderen Institutionen des Staats, sollte eigentlich folgen, daß der Richternachwuchs nicht allein aus den Juristen mit lebenslanger Gerichtskarriere besteht, sondern daß auch Bewerber aus der Anwaltschaft und anderen juristischen Berufen rekrutiert werden. In vielen Ländern gilt vor allem für höhere Richterämter, daß auf einen angemessenen Anteil von ‚Quer-Einsteigern' geachtet wird; beim höchsten niederländischen Gericht etwa beträgt er traditionell die Hälfte aller Ernennungen. In der Bundesrepublik gilt dies nur für das Bundesverfassungsgericht; der Bundesgerichtshof und alle anderen obersten Bundesgerichte rekrutieren sich de facto allein aus Berufsrichtern, allerdings mit einer Privilegierung derjenigen, die sich zeitweise in den Ministerialdienst haben abordnen lassen. Der Aufstieg innerhalb der unteren Gerichte ist in der Bundesrepublik weitgehend parallel zum Instanzenzug entwickelt: Richterausschüsse der Instanzgerichte entscheiden über die Bewerbungen von Richtern aus den unteren Instanzen; sie kennen vor allem die Urteilsbegründungen der Fälle die in Berufung zu ihnen gelangt sind und tragen mit dem Karrieremuster zur hierarchischen Ausgestaltung des Instanzenweges bei; faktisch erhält die Richterschaft damit einen Hauch vom mehr demokratischen Berufsbild des Common Law.

Eine weitere Personengruppe ist kennzeichnend für den Vergleich von Justiztraditionen: die Laienrichter. In der Bundesrepublik gibt es mit den Schöffen in der Strafgerichtsbarkeit, den Handelsrichtern an Zivilgerichten und mit den Beisitzern bei Arbeits-, Sozial- und Verwaltungsgerichten eine Vielzahl von Formen der Laienbeteiligung. Dennoch führen sie ein Randdasein. Ihr Entscheidungsbeitrag wird von den Berufsrichtern weitgehend als marginal bezeichnet[6], ihre Bedeutung wird eher edukativ eingeschätzt als Einbindung einer größeren Zahl von Menschen in die Ar-

---
[6] Ekkehard Klausa: Ehrenamtliche Richter, Frankfurt 1972.

beit der Justiz. In der DDR ebenso wie in anderen (weiland) sozialistischen Ländern dagegen spielten Laienrichter eine bedeutende Rolle – unter der Rechtsideologie eines volksnahen, partizipativen und erzieherischen Rechts wurden viele tausende – natürlich vor allem regime-erprobte – Nicht-Juristen in die Arbeit der Justiz und die gesellschaftlichen Gerichte einbezogen.

Zugleich allerdings war die Autonomie von Justiz und Anwaltschaft unter die Kontrolle des Komplexes von Staats- und Parteiapparaten gebracht. Von Rechtsideologien auf die Rechtswirklichkeit zu schließen, steht immer in der Gefahr, legitimatorischer Rhetorik aufzusitzen, auf der anderen seite aber kann eine rechtssoziologische Analyse auch nicht ohne normative Absichtserklärungen (das hieße ‚ohne Recht') betrieben weren. Sie braucht deshalb eine Terminologie, die normative wie faktische Ebenen der Analyse aufeinander bezieht.

7.3 ‚Rechtskultur'

Einen Wortschatz, der in die Lage versetzen würde, über Recht zu sprechen, ohne dessen Terminologie zu benutzen, allerdings gibt es nicht. Die Sprache der Juristen geht ja ihrerseits von Sozialvorstellungen und deren Begrifflichkeit aus, auch wenn sie diese mit oft regulativer Bedeutung überformt. Zurückgereicht an die Umgangssprache entstehen dann beschreibend-normative Doppelbedeutungen, die vom Sozialwissenschaftler wieder durch eine dritte Bedeutung, die forschungs-operativ brauchbar ist, eingeengt werden muß. Auf diese Weise definieren wir hier die Bezeichnung ‚Rechtskultur', die zwar nicht juristisch-dogmatisch definiert ist, wohl aber häufig normativ verwendet wird im Sinne der Fairness in der Praxis des Rechtssystems. Andere (zumeist amerikanische) Autoren bezeichnen mit ‚Rechtskultur' alle Einstellungen und Werthaltungen, die als Erwartungen an das Rechtssystem allgemein oder auch innerhalb der juristischen Profession verbreitet sind[7]. In der deutschen Begrifffstradition hat man diese lange unter dem Thema des ‚allgemeinen Rechtsbewußtseins' abgehandelt. Wie weit ein solches empirisch meßbar festgestellt werden kann, soll im folgenden Kapitel behnadelt werden.

Hier, für unsere vergleichenden Betrachtungen empfiehlt sich eine übergreifende Definition von ‚Rechtskultur', die normative und faktische Aspekte aufeinander bezieht. Um die oben beobachteten Verhaltensunterschiede bei der Mobilisierung von Recht – zwischen Ländern ebenso wie zwischen verschiedenen Rechtsbereichen und sozialen Kontexten – zu erklären, ist die Vorgabe des jeweiligen Rechtssystems selbstverständlicher Ausgangspunkt, verhaltensrelevant aber wird dies erst durch die Vermittlung juristischer Institutionen, ablesbar am Rechtsverhalten, das wiederum von Einstellungen und Erwartungen an das Recht geprägt sein mag. Begriffsbestimmend für ‚Rechtskultur' ist dabei kein einzelnes Element von ‚Recht', ‚Institution', ‚Rechtsverhalten' und ‚Rechtsbewußtsein' allein, sondern stets die Wechselbeziehung aller vier Ebenen.

---

[7] Lawrence Friedman: The Legal System, New York 1975 (deutsch: Das Rechtssystem im Blickfeld der Sozialwissenschaft, Berlin 1981).

Dabei haben wir die Determinanten von Rechtsverhalten bislang in erster Linie im Vergleich von Institutionen gefunden. Pseudo-Erklärungen von Unterschieden zwischen Rechtskulturen, die manche in erster Linie in Elementen eines ‚allgemeinen Rechts*bewußtseins*' zu finden suchen (etwa wenn angeboten wird, daß Rechtsmittelsucht oder Vermeiden von Instanzen in der Mentalität der Völker verankert seien), hatten wir nicht nötig. Allenfalls können sie im Rechtsbewußtsein derjenigen gefunden werden, die professionell mit dem Recht umgehen. Die Angebotsseite der deutschen Rechtsinstitutionen bietet Mobilisierungsverhalten in besonderem Maße an: Das Angebot lockt seine Nachfrage und schafft damit das Rechtsmittel-Bewußtsein, um es daraufhin zu beklagen. Diese ‚Angebotsthese' erklärt auch (im folgenden Kapitel) den Umgang der deutschen Politik mit ihrem Verfassungsgericht.

8. Das Verfassungsgericht

8.1 Von der offenen zur geschlossenen Gesellschaft der Verfassungsinterpreten

Mit der Verfassungsgerichtsbarkeit hat die deutsche Rechtskultur nach dem zweiten Weltkrieg eine Institution übernommen, die das Verständnis von Gerichten als ‚unpolitisch' und fest an positives Recht gebundenen Institutionen aushöhlt. Mehr noch als andere oberste Gerichte institutionalisieren sie das Paradox, daß Rechtsprechung zugleich Sicherheit und Veränderbarkeit von ‚Recht' gewährleistet.[1] Dabei wird die Verfassungsrechtsprechung gerne als eine ‚offene Gesellschaft' dargestellt[2], die sich nicht wie diejenige anderer Rechtsbereiche zum Interpretationsmonopol von Juristen eigne. Besonders im politischen Streit wird das Anrufen des Bundesverfassungsgerichts zunehmend als ‚Widerstandsrecht' benutzt, um Auffassungen von Minderheiten gegen Entscheidungen der Mehrheit zu schützen. Die Berufung auf die Verfassung wird natürlich im Gesetzgebungsprozeß antizipiert: Nicht nur von der Regierung wird – zuweilen ängstlich – nach der Verfassungskonformität von Gesetzesvorlagen gefragt, so daß die Einschätzung einiger weniger Ministerialbeamten im Verfassungsreferat des Justizministeriums zur Rahmenbedingung der Politik werden kann; auch die Fraktionen und Parteien gewöhnen sich notgedrungen daran, vor die Diskussion kontroverser Alternativen stets die Frage nach der Möglichkeit der Verfassungsmäßigkeit zu stellen[3].

Beim Bundesverfassungsgericht kommen diese Fragen vor ein Gremium, das sich zunehmend aus dem engeren Kreis der Justizjuristen rekrutiert: Die Verfassung schreibt vor, daß mindestens drei Richter der beiden Senate des Verfassungsgerichts unter Richtern der obersten Bundesgerichte rekrutiert sein müssen, faktisch jedoch kommen die meisten der heutigen Verfassungsrichter aus Justiz- und Verwaltungslaufbahnen. Verfassungsrichter hatten bei den ersten Senaten in den 1950er Jahren

---

[1] So der Leitgedanke bei Niklas Luhmann: Ausdifferenzierung von Recht, Frankfurt 1981, der diesem allerdings eine essentialistische Wendung gibt („In der Differenz von Recht und Unrecht findet das Recht seine Identität").

[2] Am deutlichsten ausgesprochen bei Peter Häberle: Die offene Gesellschaft der Verfassungsinterpreten, in: Juristenzeitung 1975, 297–305.

[3] Vgl. die ausführliche Darstellung anhand der politisch weitreichenden Verfassungsgerichtsurteile der 70er Jahre bei Christine Landfried: Bundesverfassungsgericht und Gesetzgeber, Baden-Baden 1984.

noch fast die Hälfte der Richter anwaltliche und dazuhin wirtschaftliche und politische Berufserfahrungen aufzuweisen. Universitätsprofessoren sind nach wie vor gut vertreten, Rechtsanwälte dagegen nur noch ausnahmsweise, und Wirtschaftsjuristen gar nicht mehr. In der politischen Arena wird dem Verfassungsgericht damit eine Definitionsmacht zugewiesen, die bei kontroversen Fragen seine eigene Legitimität auf die Probe stellt.

Bisher allerdings ist das Vertrauen in das Gerichts das höchste unter allen öffentlichen Institutionen[4], obwohl in politisch kontroversen Fällen die Entscheidungen des Bundesverfassungsgerichts sehr umstritten sind. Die Gesellschaft der Verfassungsinterpreten wird angesichts seiner breiten Akzeptanz eher noch geschlossener. Das Ergebnis ist, daß Politik in der Bundesrepublik zunehmend ‚juridifiziert', das heißt sie gerät unter die Herrschaft der Antizipation und der Interpretation richterlicher Entscheidungen.

Allgemein gesprochen beruht der Legitimitätsanspruch der Gerichte auf ihrer Fähigkeit, Streitstoff so zu übersetzen, daß eine Entscheidung allein auf rechtlichen Argumenten begründbar erscheint. Dem Verlierer darf, sofern er im Rahmen des gültigen Rechts bleiben will, kein Argument bleiben, den Streit fortzusetzen.[5] Ist ein Urteil für relevante Beteiligte unannehmbar, oder läßt es mehrere Varianten der Auslegung zu, gerät das Gericht selbst in den Streit. Es liegt auf der Hand, daß dies für Verfassungsgerichte besonders schwierig zu vermeiden ist, wenn schon ihre Mobilisierung Teil einer öffentlichen Auseinandersetzung ist. Sie können das Privileg einer Verfassungsinterpretation nur aufrecht erhalten, wenn sie sich Grenzen des ‚rechtlich' entscheidbaren gegenüber ‚politischen' Fragen setzen. Sie müssen den Haushalt der zulässigen Argumente mit strikt professionellen Maßstäben schließen, und darum tunlichst auch die ‚Gesellschaft der Verfassungsinterpreten' geschlossen halten.

Tab. 8.1. Verfassungsinterpretation

Thematisierung von Grundrechten	Mobilisierung des Verfassungsgerichts	Transformation von gesellschaftlichen Problemen in juristische Entscheidungsfragen	Akzeptanz im politischen System/ Legitimität des Gerichts
◄──────── Antizipation ◄────────			

Das Bundesverfassungsgericht anzurufen, hat in jüngster Zeit noch an Beliebtheit gewonnen. Von 1981 bis 1991 wurde es fast ebenso häufig angerufen wie in den 30 Jahren seiner Geschichte zuvor; durch die gesteigerte Berufung auf die Verfassung bei Problemen der deutschen Vereinigung verstärkt sich dieser Trend nochmals.

---

[4] Das Allensbacher Jahrbuch für Demoskopie weist für das Vertrauen in öffentliche Institutionen langfristig die höchsten Werte für das BVerfG aus.
[5] Niklas Luhmann: Legitimation durch Verfahren, Neuwied & Darmstadt 1969.

8.2 Die Mobilisierung des Bundesverfassungsgerichts

Seine politisch zentrale Rolle verdankt das Verfassungsgericht vor allem der ‚abstrakten Normenkontrolle', die zu beantragen den Regierungen von Bund und Ländern sowie einer Minderheit von zumindest einem Drittel des Bundestages vorbehalten ist; bis 1991 wurden in der Geschichte des Bundesverfassungsgerichts insgesamt 112 solcher Verfahren anhängig. Mit 2612 Verfahren häufiger, aber meist weniger spektakulär erfolgt die ‚konkrete Normenkontrolle', mit deren Vorlage jedes Gericht der Bundesrepublik sich die Verfassungsmäßigkeit von Gesetzen überprüfen lassen kann.

Deutlich ist, daß die Ausstrahlung des Gerichts nicht allein von der Entscheidung abhängt; auf Nichtigkeit oder Unvereinbarkeit mit dem Grundgesetz erkennt das Gericht nur in wenigen Fällen; eine ‚verfassungskonforme Auslegung' bestehender Normen jedoch hat es in vielen, und bedeutenden Fällen gegeben.

– Lediglich 12 mal entschied das Gericht, daß ein Bundesgesetz, 10 mal, daß Landesgesetze gänzlich nichtig seien, insgesamt 242 mal erklärte es Einzelnormen von Gesetzen oder Verordnungen für nichtig; in 136 Verfahren wurden Gesetze oder Verordnungen für unvereinbar mit dem Grundgesetz erklärt.
– Dagegen stehen 1 152 Entscheidungen, mit denen, Normen unbeanstandet blieben, in 1 367 Fällen lieferte das Gericht eine verfassungskonforme Auslegung.[6]

Die größte Zahl der Eingänge beim Bundesverfassungsgericht jedoch machen die Verfassungsbeschwerden aus, mit der ‚jedermann' (Art. 93 Abs. 4a GG) sich gegen Verwaltung und Gerichte auf die Verfassung berufen kann.

– Von 1951 bis 1991 gingen bei Gericht 80 384 Verfassungsbeschwerden ein. Die Realität dieses Rechtsweges jedoch endet überwiegend schon in der Vorprüfung: Von einem der beiden Senate des Gerichts zu entscheiden waren von allen Verfassungsbeschwerden gerade mal 1 967 (also 2,45 %).

Mehr noch als bei anderen Gerichten kann man beim Bundesverfassungsgericht davon ausgehen, daß potentiell noch sehr viel mehr ‚Verfassungsprobleme' möglich wären als tatsächlich zur Kenntnis des Gerichts kommen. Was an Geschäftsanfall das Gericht tatsächlich beschäftigt, muß als Selektion interpretiert werden, die antizipatorisch durch die Erwartungen an die Problemlösungsfähigkeit justizieller Entscheidungen gesteuert wird. Mit der formal wie materiell voraussetzungslosen Verfassungsbeschwerde ließe sich mit wenig Auslegungskunst fast jedes Interesse (vor allem Status-quo-Interessen) zu einem Anspruch aus Grundrechtsartikeln umformulieren. Lediglich der Grundsatz, daß vor Anrufen des Verfassungsgerichts der normale Rechtsweg erschöpft sein muß, übt eine gewisse Vorselektion aus. Zuweilen enden Skandalisierungskampagnen mit beträchtlichem Geschäftsanfall vor dem Verfassungsgericht: So etwa 1973 als 1 735 Steuerzahler gegen einen ‚Stabilitätszuschlag' Beschwerde einlegten oder drei Jahre später, als 381 Eingaben gegen die Abtreibungsentscheidung von 1975 zu verzeichnen waren oder das Jahr 1983 mit

---
[6] BVerfG: Jahresbericht 1991.

seinen zahlreichen Eingaben gegen das Volkszählungsgesetz. Ein Blick auf die Beschwerdeführer in den ersten 15 Jahren des Gerichts zeigt, daß die größte Gruppe von Beschwerdeführern Justizrechte (im Strafprozeß oder als Strafgefangene) geltend macht, in zweiter Linie wird die Beschwerde von Bürgern in ihrer Rolle als Steuerzahler benutzt. Recht häufig treten auch Anwälte als Absender auf, die das Bundesverfassungsgericht zu einer ‚vierten Instanz' (nach Berufungsprozeß und Revision) zu machen versuchen, oder aber zur ‚Gegeninstanz', weil gesetzliche Hindernisse den Gang zu anderen Gerichten verwehren.

Das Verfahren bei den meisten Verfassungsbeschwerden ist weit von dem eines öffentlichen Tribunals entfernt. Zunächst wird entschieden, ob sie überhaupt in das Verfahrensregister eingetragen werden sollen; die Ablehnung wird mit minimalem Begründungsaufwand versehen. Danach wird in einer Kammer von drei Richtern über Annahme oder Nichtannahme entschieden. Die entscheidende Vorarbeit dieses gesamten Selektionsprozesses wird von den wissenschaftlichen ‚Hilfs'kräften des Gerichts geleistet, deren Bedeutung durch die informelle Bezeichnung als ‚Dritter Senat' charakterisiert ist[7]. Was die Form ihrer Vorarbeit angeht, muß man sie als eine Mischung von bürokratischer Antragsbearbeitung und wissenschaftlicher Grundlagenarbeit bezeichnen, eine verfassungsrichterliche Bearbeitung ist die Ausnahme. Faktisch entscheidet der Stab von Zuarbeitern über die Auswahl der Probleme, mit denen sich das Gericht letztlich beschäftigt. Dem offenen Zugang zu Verfassungsbeschwerden entspricht also ein Selektionsverfahren mit bei den ordentlichen Gerichten ungekannten Ermessensräumen darüber, worüber das Gericht letztlich zu entscheiden hat.

– 1991 gelangten von insgesamt 10 180 Eingaben an das Bundesverfassungsgericht 3 190 in das Register der Verfassungsbeschwerden; von diesen gab die Kammer bei 227 einem Verfahren statt. Der größte Teil erledigte sich durch Rücknahme, meist weil dem Beschwerdeführer von der Stelle, gegen die sich die Beschwerde richtete, Abhilfe verschafft wurde. In einem der beiden Senate wurden schließlich insgesamt 35 Beschwerden verhandelt.[8]

Auch die Behandlung der Verfassungsbeschwerden, mit denen sich das Gericht tatsächlich beschäftigt, ist verfahrensmäßig wenig festgelegt. Nur ausnahmsweise gibt es an den ‚offenen Tagen' des Gerichts Einblick bei einigen herausgezogenen Verfahren. Hier werden sogar die Beschwerdeführer geladen, was sonst nicht die Regel ist.

8.3 Die Transformation in juristische Entscheidungsfragen

Angeklagte vor Gericht und Steuerzahler haben gemeinsam, daß sie sich gegen Eingriffe zur Wehr setzen, hinter denen ein geschlossenes System von Rechtsnormen

---
[7] Vgl. R. Zuck: Der „3. Senat des Bundesverfassungsgerichts". In: Die öffentliche Verwaltung 9 (1974) 305–307.
[8] BVerfG: Jahresbericht 1991.

Tab. 8.2. Eingegangene Verfahren beim Bundesverfassungsgericht (1991)

Von den 1991 eingegangenen Verfahren über	Normen-kontrolle	Verfassungs-beschwerden
richten sich gegen Entscheidungen der		
– Zivilgerichtsbarkeit	23	1 631
– Strafgerichtsbarkeit	9	786
– Verwaltungsgerichtsbarkeit (davon Asylverfahren)	6	712
– Finanzgerichtsbarkeit	3	120
– Sozialgerichtsbarkeit	5	147
– Arbeitsgerichtsbarkeit	50	96

Quelle: BVerfg: Jahresbericht 1991.

steht. Ob es, wie im Strafrecht um Eingriffe in die persönliche Freiheit geht, oder wie im Steuerrecht um Gleichheit bei der staatlichen Umverteilung, der Eingriff wird jeweils als so schwerwiegend verstanden, daß er an strikte Legalitätsstandards gebunden ist. Oft geht es um marginale Veränderungen im Normgefüge, von denen man kaum grundsätzliche Interpretationsanstöße erwarten kann.

Zwar ist vom Selbstverständnis vieler Verfassungsrichter her eine Rolle als ‚Ombudsman-Institution', die sich für hilflose Opfer staatlicher Gewalt einsetzt, zu beobachten. Die Selektion jedoch, welche Verfassungsbeschwerden tatsächlich behandelt werden, erfolgt nach Gesichtspunkten der Fortbildung des Verfassungsrechts und nicht des individuellen Rechtsschutzes: „Auch begründete Verfassungsbeschwerden haben keine Chance, den engen Filter des Annahmeverfahrens zu passieren, wenn die Entscheidung der verfassungsrechtlichen Frage, die sie aufwerfen, unwichtig oder auch nur inopportun erscheint. Die Selektion des richtigen Falles zum richtigen Zeitpunkt wird zu einem Teil richterlicher Verfassungspolitik"[9].

Faktisch hat sich der öffentliche Diskurs – gerade was Grundrechtsvorstellungen angeht – auf eine Arbeitsteilung eingerichtet: In einer ersten Runde der politischen Willensbildung beschließen Regierung und parlamentarische Mehrheit die politische Linie, in der zweiten testen Opposition und Minderheitsgruppen jede erdenkliche Grenzziehung durch die Verfassungsinterpretation. Den kleinen Kreis der Verfassungsinterpreten kommt dadurch eine Vetomacht gegenüber der Politik zu, die desto machtvoller ist, da sie vom politischen Diskurs natürlich schon vorweggenommen wird.

Der Grundrechtskatalog eignet sich dabei schon wegen seines Leerformelcharakters hervorragend, um solchen Problemdurchsetzungen die nötige normative Weihe zu verleihen. Daß das Gleichheitsideal des Art. 3 GG oder der Anspruch auf Persönlichkeitsentfaltung des Art. 2 GG nicht eingelöst sind, läßt sich wohl jederzeit aufweisen, und wenn immer neue Konkretisierungen dieser Standards als eigenständige ‚Grundrechte' reklamiert werden, wie das bei einem ‚Recht auf Arbeit'

---

[9] Brun-Otto Bryde: Verfassungsentwicklung, Habil., Hamburg 1980, S. 136.

oder einem ‚Recht auf Wohnen' geschieht, so ist das wohl als eine Redewendung symbolischer Politik zu verstehen. In manchen Beschwerdeverfahren und auch in Länderverfassungen tauchen solche gesellschaftspolitischen Forderungen auf, obwohl mit ihrer Proklamierung zu ‚Staatszielen' herrschende Prioritäten der Politik nicht verändert werden können. Es wird lediglich mit dem stumpfen Schwert einer symbolischen Jurisprudenz gegen den herrschenden Zustand angegangen.

Die Unbestimmtheit verfasssungsrechtlicher Übernormen ermöglicht dem Gericht (und dem ihm zugehörigen ‚Hof') allerdings Strategien, um politische Kompetenzen zu erweitern. Mit der für Gerichte typischen Selektion auf juristische Relevanz wird diese jedoch wieder auf Justiziables reduziert: Die Transformation ist Richtern und ihren Mitarbeitern als ‚primären Verfassungsinterpreten' vorbehalten. Dieser Kern ist beim Bundesverfassungsgericht – ähnlich wie bei anderen Obersten Gerichten – umgeben von einem ‚Hof' der ‚sekundären Verfassungsinterpreten', zu denen kommentierungsfreudige Praktiker, vor allem aber die Rechtslehrer an den Universitäten zählen. Zwar ist der Zugang zu dieser Gesellschaft offener, jedoch bleibt diese Offenheit relativ und begrenzt, setzt doch die Argumentation mit oder gegen die ‚herrschende Meinung' einen kollegialen, professionell begrenzten Diskussionszusammenhang voraus.

Die in der professionellen Arena geleistete Transformations- und Interpretationsarbeit erlaubt die Autonomisierung juristischer Entscheidungskriterien gegenüber politischen Diskussionen in anderen Arenen. Die ‚relativ geschlossene Gesellschaft' der Verfassungsinterpreten ist Teil eines Rechtsstaatsmodells mit besonders *hohem Grad einengender Fixierung* von politischen und Verwaltungsspielräumen. Nicht nur die ‚ausführenden Ebenen' der Verwaltung, auch die politischen Gremien auf Bundes-, Landes- und Gemeindeebene sollen rechtlich vorweg programmiert und eingegrenzt sein. Damit entfällt, was ein responsives und politisch sensibles Entscheidungssystem benötigt, nämlich die situationsangemessene Reaktionsmöglichkeit für gestaltende Aufgaben der Verwaltung. Die umfassende rechtliche Bindung und Durchnormierung der Verwaltungsprogramme kann im politischen Diskurs als Problematisierungstabu eingesetzt werden. Die Konsistenz des rechtsstaatlichen Orientierungssystems, das sich auf unteren Ebenen an der allgegenwärtigen Möglichkeit gerichtlicher Kontrolle von Verwaltungsprogrammen fortsetzt, führt dazu, daß Rechtserzeugung im gerichtlichen Verfahren auf Kosten der Rechtserzeugung im politischen Prozeß geht[10]: „Politische Entscheidungen suchen Lösungen vornehmlich in den von den verfassungsrechtlichen Normen und Entscheidungen her vorgegebenen Kategorien. Was, oft beklagt, aus Gerichtssälen her bekannt ist, daß nämlich die soziale Wirklichkeit nur so weit zur Kenntnis genommen wird, wie sie für die Normausfüllung relevant ist, wiederholt sich jetzt im Bereich der politischen Entscheidungen von Gesetzgeber und Regierung. An die Stelle einer Ermittlung des sozialen Sachverhalts und der Entwicklung innovativer Lösungen tritt rechtlich vorstruktu-

---

[10] Fritz Scharpf: Die politischen Kosten des Rechtsstaats, Tübingen 1970, S. 59 ff.

rierte Wirklichkeitsperzeption und juristische Subsumtion. Die Perspektive der demokratischen Entscheidungsträger wird zunehmend zu einer juristischen"[11].

8.4 Grenzen der Juridifizierung von Politik

Organisationstypisch für Gerichte ist die Entkoppelung ihrer Entscheidungen von deren Durchführung. Dies gilt für das Bundesverfassungsgericht mehr noch als für Straf- oder Zivilgerichte. Das Bundesverfassungsgericht kennt weder einen eigenen Implementationsstab noch eine Erfolgskontrolle seiner Beschlüsse bzw. Entscheidungen. Dennoch sind deren Folgen in einer legalistischen Rechtskultur beträchtlich, sowohl daran gemessen, wieviele Fragen ihm zur Entscheidung vorgelegt werden, als auch daran, wieviele Entscheidungen anderswo (also politisch) nicht mehr zur Verabschiedung offenstehen.

Als unwirksam erweist sich das höchste Gericht dort, wo es durch seine Entscheidung der (politischen/Rechts-)Unsicherheit kein Ende setzen kann. Die Diskussion über Berufsverbote und die Urteile zur Strafbarkeit der Abtreibung sind Beispiele für nicht geglückte Versuche, politische Diskussion durch Berufung auf das Verfassungsrecht für beendet zu erklären. Zwei Indikatoren entscheiden über Wirksamkeit oder Unwirksamkeit des Verfassungsgerichts: Nicht nur, wieweit seinen Entscheidungen Folge geleistet wird, sondern auch wieweit diese andere Entscheidungsarenen determinieren und mit dem Spruch des Gerichts öffentlich-politische Interpretationsdiskussionen beendet werden können.

Daran gemessen geht das Bundesverfassungsgericht zunehmend an die Grenze der Akzeptanzbereitschaft selbst in der deutsch-legalistischen Rechtskultur. Zunehmend lösen Entscheidungen symbolische Kreuzzüge aus, anstatt politische Diskussionen beizulegen. Dennoch: vergleicht man seine normative Durchsetzungskraft mit dem Zynismus der italienischen Politik gegenüber dem Verfassunghof oder der Implementationslücke, die der US-amerikanische Supreme Court bei seinen progressiven Richtlinien gegen die Rassendiskriminierung erlebte, ist die Befolgungsrate beim deutschen Bundesverfassungsgericht noch immer relativ hoch.

Wir haben die Gesellschaft der Verfassungsinterpreten als relativ geschlossen charakterisiert. Wie bei allen Gerichten ist der Handlungsspielraum auch des Verfassungsgerichts auf Entscheidungen begrenzt, deren Durchführung nur außerhalb des Gerichts geschehen und kontrolliert werden kann. Mehr als andere Gerichte jedoch hat das Bundesverfassungsgericht eine Kontrolle über die Themen, die es behandelt: Einmal über die Selektion der Beschwerden, die zur Entscheidung vorgelegt werden, zum zweiten über den Hof von Verfassungsjuristen, deren Theorien Kompetenzauslegungen legitimieren. Das Anrufen des Verfassungsgerichts bei politischen Pattstellungen erlaubt eine Strategie, mit der die geschlossene Gesellschaft der Verfassungsinterpreten ihre politische Kompetenz ausweitet. Die Kosten einer solchen

---

[11] K. Zweigert & H. Dietrich, Bundesverfassungsgericht – eine Institution mit Zukunft. In: W. Däubler & K. Küsel (Hrsg.), Verfassungsgericht und Politik – Kritische Bemerkungen zu problematischen Urteilen, Reinbek 1979, S. 19.

Strategie allerdings sind eine zunehmende Juridifizierung von Politik; deren Grenzen setzen zugleich auch die Grenze der Kompetenzausweitung.

9. Die Implementation von Gerichtsentscheidungen

9.1 Implementation als Prozeß

Gerichte sind reaktive Institutionen. Sie versuchen nicht, für ihre Dienstleistung zu werben, etwa mehr Fälle vor die Gerichte zu ziehen und Marktlücken auszuspähen; im Gegenteil bemühen sie sich eher, ihren Geschäftsanfall gering zu halten und sich von Prozessen zu entlasten. Die Selektivität unter den möglichen Fällen, die vor Gericht getragen werden können, sind bislang das Thema der Untersuchungen zur ‚Mobilisierung von Recht‘ gewesen. Selektiv ist aber auch, was *nach* dem Gerichtsprozeß mit seinen Entscheidungen geschieht.

Im Zivilprozeß ist es Sache der Parteien selbst, wieweit sie der gerichtlichen Entscheidungen tatsächlich folgen. Bleiben die Parteien in einer fortlaufenden Beziehung, dann dient ein erworbene Rechtstitel häufig nur der Drohung: Er wird in die Schublade gelegt, um hervorgezogen zu werden, wenn neuer Streit entsteht.[1] Auch im Strafprozeß treten Vollstreckungsorgane wie der Gerichtsvollzieher oder die Staatsanwälte nicht sofort und automatisch in Aktion. Wenn ein zur Geldstrafe Verurteilter nicht zahlen kann, muß die Durchführung einer angeordneten Ersatzstrafe organisiert werden; wenn der Jugendrichter eine erzieherische Maßnahme angeordnet hat, muß dafür eine Stelle der Sozialarbeit gefunden werden; und bevor eine Haftstrafe angetreten werden kann, muß ein Gefängnisplatz frei sein. Die Chancen, daß, und die Bedingungen, unter denen Gerichtsentscheidungen ‚vollstreckt‘, ‚vollzogen‘, ‚durchgeführt‘ werden, sind vielfältiger als Richter und Parteien beim Urteil vorhersehen. In Anleihe an ein politik-wissenschaftliches Paradigma nennen wir den Prozeß, der sich an ein Urteil anschließt daher ‚Implementation‘.

Der Begriff stammt aus der Politikforschung[2], die nachzuvollziehen versucht, wie politische Entscheidungen, etwa die eines verabschiedeten Gesetzes, auf den

---

[1] Nach Klein's Befragung von Schuldnern, Gläubigern und Gerichtsvollziehern (1987) dient das Mahnverfahren vor Gericht überwiegend als Drohmittel im Rahmen außergerichtlicher Schuldbeitreibungsversuche. Bleiben diese im Verfahrenstrichter bis zur Einleitung einer Zwangsvollstreckung erfolglos, dann kann auch dieses letzte Mittel in der Mehrzahl der Beitreibungen nicht mehr helfen. Vgl. seinen Beitrag in: Jahrbuch für Rechtssoziologie und Rechtstheorie (1987) 11; dort auch weitere Diskussion zur Implementation von Gerichtsentscheidungen.

[2] Renate Mayntz (Hrsg.): Implementation politischer Programme I, Königstein 1980, sowie II, Opladen 1983; auch Helmut Wollmann: Politik im Dickicht der Bürokratie, Beiträge zur Implementationsforschung, Leviathan Sonderheft 1980.

verschiedenen Ebenen ausführender Behörden aufgenommen, uminterpretiert und abgeändert werden. Sie sehen eine legislative Vorgabe nur als Ausgangsbedingung für einen neuen politischen Prozeß, der in der ausführenden Arena ausgefochten wird. Auch Gerichte spielen in dieser Arena mit. Und ebenso wie bei politischen Prozessen finden wir auch nach Gerichtsprozessen Konstellationen, die sehr nah an das Modell der ‚reinen Durchführung' von rechtlichen Entscheidungen angelehnt sind, und solche, bei denen sich ein ‚Implementationsprozeß' mit ungewissem Ausgang anschließt.

Gerichte bewegen sich immer innerhalb eigener, organisatorischer Bedingungen. Ihr Produkt sind Entscheidungen und deren Begründungen. Eine ganze Literaturgattung[3] beschäftigt sich denn auch damit, wie solche Begründungen auszusehen haben. Allerdings geht es dabei um Anforderungen der *Legitimation*, kaum um die Analyse, wie sie zustande kommen oder gar wie sie *motiviert* sind. Aus diesem (notwendigen) Gegensatz zwischen tatsächlicher Entscheidungsfindung und deren *Darstellung* ergeben sich ergötzliche Dauerthemen für die Literatur der juristischen Argumentation: Etwa der, wie weit bei der Urteilsfindung ‚soziale Folgen' seiner Ausführung eine Rolle spielen dürften. Die Realität der richterlichen Arbeit erweist sich hier als Dilemma: Natürlich machen Richter sich so ihre Gedanken, was etwa aus einem Verurteilten oder was aus einer Partei wird, wenn ein für sie hartes Urteil zur Ausführung kommt. Bisweilen regt sie solche Überlegung auch zu einem Vergleichsvorschlag an, vor allem dann, wenn die Rechtslage die Parteien zur Fiktion zwingt (wie einst bei der Schuldfrage vor der Ehescheidung, aber auch heute noch bei Prozessen um Kündigungsschutz oder Mieterschutz). In der Begründung eines Urteils jedoch haben solche Folgeberücksichtigungen selten Platz. Sie wären schon wegen der damit einhergehenden unsicheren Prognosepflicht von einem Gericht kaum zu systematisch zu verarbeiten.

Urteilsfindung und die Darstellung mitsamt Begründung müssen daher vor Gericht auseinanderfallen. Dementsprechend fallen auch Rechtstheorien zur juristischen Argumentationslehre und Rechtssoziologien zu ihrer Praxis auseinander. Das macht einen Teil der Polemik aus, die immer erneut zwischen (normativen) Rechtstheorien und (empirischen) Rechtssoziologien entsteht. Besonders dort, wo das Selbstbild der Richterschaft von seinen normativen Vorgaben geprägt wird, entsteht leicht Widerstand gegen jede externe Analyse. Lautmann[4] erfuhr dies als er seine Tätigkeit als Gerichtsassessor als ‚teilnehmende Beobachtung' auswertete. Ihm fiel auf, daß ein großer Teil richterlicher Anstrengung und Zeit auf die *Darstellung* von Entscheidungen verwendet wird. Besteht die anfängliche Konstruktion des Falles auf juristische Entscheidbarkeit hin noch aus einem alternativenreichen ‚Pendeln zwischen Fakten und Normen', so muß gegen Ende eine konsistente Darstellung die Oberhand gewin-

---

[3] Überwiegend wird dabei normativ argumentiert, wie juristisches Argumentieren idealiter aussehen sollte, ohne Informationen zu verarbeiten, unter welchen Produktionsbedingungen richterliche Entscheidungen tatsächlich zustande kommen. Vgl. Robert Alexy: Theorie der juristischen Argumentation, Frankfurt 1990 (zuerst 1978). Die faktische Kraft des Normativen wirkt sich dann in der Darstellung aus, mit denen Gerichtsentscheidungen begründet werden.

[4] Rüdiger Lautmann: Justiz die stille Gewalt, Frankfurt 1972.

nen, in dem (natürlich) informelle Erwägungen ausgelassen werden. Hinzu kommt (was auch wenig erstaunlich ist) das Interesse am Abschluß von Verfahren: Je größer der Arbeitsdruck, desto mehr konzentriert sich die Bemühung darauf, daß Entscheidungen standardisiert, Komplexitäten reduziert und die ‚Fälle vom Tisch gebracht' werden. Wie in allen Organisationen versuchen auch die Menschen, die im Gericht arbeiten, sich in ihrer Umgebung Autonomie verschaffen. Angesichts einer (in der Bundesrepublik Deutschland) effektiv durchgesetzten Autonomie der Gerichte von politischem Druck, bedeutet ‚Unabhängigkeit der Justiz' im Selbstverständnis der Richter vor allem Unabsetzbarkeit, Unversetzbarkeit, wirtschaftliche Sicherheit und Selbständigkeit im Gestalten der Arbeitsbedingungen.[5]

Konzentration auf die gerichtseigenen Probleme bedeutet, daß die Entscheidungsproduktion und -darstellung so weit wie möglich losgelöst wird von den Bedingungen der Mobilisierung als auch denen der Implementation. Die Justiz bildet ihre eigene Arena, die sich vom sozialen Kontext der verhandelten Konflikte löst. Dennoch formulieren Gerichte die Vorgabe für den weiteren Prozeß. Auf einigen Rechtsgebieten sind an die Gerichte Implementationsakteure amgeschlossen. Für einzelne Gerichtszweige, ja oft einzelne Gruppen von Streitgegenständen, sind eigene ‚Implementationskulturen' charakteristisch. Manche Gerichte üben kontinuierlich Kontrollaufgaben gegenüber bestimmten Behörden (Verwaltungs- und Finanzämtern, Sozialgerichte gegenüber den Versicherungsträgern und auch der Bundesanstalt für Arbeit) aus. Andere Gerichte sind in korporativen Arrangements mit ‚Parteien hinter den Parteien' verbunden (Arbeitsgerichte gegenüber den industriellen Interessenparteien). Im sich langfristig wiederholenden Kontakt mit diesen Akteuren, die sowohl für Mobilisierung wie für Implementation von gerichtlichen Entscheidungen sorgen, entwickelt sich unvermeidlich eine dauerhafte Spannung zwischen Rechtskontrolle und Kooperationsinteressen. In solchen Kontrollsymbiosen gestaltet sich über den einzelnen Fall hinausreichende justizielle ‚Politik', die sich teils durch Kompensationsstrategien der jeweiligen Gerichte gegenüber ihrer Klientel, teils der Rechtsfortbildung der Obergerichte bedient. Interaktionen im nachgerichtlichen Prozeß prägen auch in Rückwirkung die Gerichtsentscheidung im einzelnen Prozeß.

9.2 Rechtspolitik der Gerichte

Betreiben Gerichte damit eigenständig Rechtspolitik? In der amerikanischen Diskussion ist dies keine Frage mehr[6]. Rückmeldungen von Erfahrungen mit den Implementationserfolgen früherer Gerichtsentscheidungen zwischen Richterbank und den häufig und wiederkehrend vor Gericht erscheinenden und die Gerichte mobilisierenden Akteuren. Im kontinuierlichen Kontakt zu häufig prozessierenden Parteien werden Gerichte zu Mitakteuren von Verwaltungs- und Verbändepolitik; es entstehen Netzwerke zwischen Gerichten, ‚Parteien-hinter-den-Parteien' und Implementa-

---

[5] Raymund Werle: Justizorganisation und Selbstverständnis der Richter, 1977, vor allem S. 229 ff.
[6] Martin Shapiro: Courts – A Comparative and Political Analysis, Chicago 1980.

tionsakteuren. Langfristige Kooperationsinteressen aller beteiligten Akteure, Kompetenzstrategien der Gerichte und die Implementationsautonomie der kontrollierten Instanzen gehen dabei eine symbiotische Verbindung ein. Durchsetzbarkeitskalküle gerichtlicher Entscheidungen werden zur Funktionsanforderung an die Justiz und Folgenorientierung Bestandteil justizieller Politik. Gerichte, die vornehmlich für die Kontrolle einer großen Behörde fungieren, werden denn auch liebevoll-polemisch ‚Känguruh-Gerichte', genannt, eine Zuschreibung, die dem kleineren Partner Grenzen der Kontrollmacht ebenso wie Möglichkeiten der Durchsetzung seiner Politik attestiert.

Die Prozeßparteien können nach ihren Ressourcen und nach dem Grad ihrer Organisationsgebundenheit unterschieden werden. Steigt der Grad verfügbarer Ressourcen und Organisationsgebundenheit, so erhöht sich die Kontext-Orientierung der Implementationsakteure und ihre Wechselbeziehung mit der Implementations-Umwelt. Auch die Begleitung der Rechtsprechung durch juristische (Kommentar-) Literatur oder das öffentliche Echo in der Medienlandschaft stellen derartige Implementations-Umwelten dar, die über die Justiz-Arena hinaus auf andere Arenen verweisen.

Im Implementationsspiel beginnen Prozeßparteien durch das gerichtliche Programm (Entscheidung und Implementationsstruktur) mobilisierte weitere Akteure neue Spiele. Die Spielplätze betreten bei Bedarf auch zusätzliche Akteure: Jugendämter bei Kindeswohl im Zuge der Implementation eines familengerichtlichen Scheidungsurteils, Arbeits- und Sozialämter im Falle einer erfolglosen Kündigungsschutzklage, Bauämter benachbarter Gemeinden, die sich nach Einzelheiten rechtlicher Begründung einer Verwaltungsgerichts-Entscheidung erkundigen, die auch ihre (zukünftigen) Planungsbelange oder gegenwärtige Genehmigungspraxis betrifft. In die Politik-Arena oder auch nur in den Sozialkonflikt dringen Akteure ein, die nicht am Prozeßspiel beteiligt waren, den Implementationsverlauf aber zu beeinflussen vermögen, weil sie von anderen Politik-Bereichen, anderen Arenen, durch andere als gerichtliche Programme und schließlich durch andere Konfliktparteien zum Handeln aufgefordert sind. So schalten sich die Jugendämter ‚von Amts wegen' ein, wenn sie erfahren, daß einer der Scheidungspartner seinem Erziehungsauftrag nicht nachkommt oder eine neue Partnerschaft nach dem Scheidungsurteil zur Vernachlässigung des Kindeswohls führt. Andere Akteure oder Akteursgruppen machen sich nur von Fall zu Fall eine gerichtliche Entscheidung zu eigen, weil sie, wie im Beispiel der Bauämter, negative Folgen für ihre eigenen Planungsvorhaben befürchten. Beachten sie die gerichtliche Entscheidung nicht, könnte dies zu einer Klage von Bauwilligen in ihrer Gemeinde führen, die unter Hinweis auf das eben ergangene Gerichtsurteil eine Änderung der Planung verlangen.

Ein großer Teil der Gerichtsentscheidungen wird durch die Prozeßparteien selber implementiert (Beispiele: Ehesachen in der Ziviljustiz, Kündigungsschutzklagen vor den Arbeitsgerichten, sofern sie für den klagenden Arbeitnehmer erfolgreich ausgehen und eine Wiedereinstellung erfolgt). In vielen Prozessen nimmt eine der Prozeßparteien eine gerichtsexterne Organisation in Anspruch (Zivilprozeß: Gerichtsvollzieher, Strafprozeß: Strafvollzug). Diese Variante der Implementation der

Gerichtsentscheidung durch die Prozeßparteien mit Hilfe von eigens dafür institutionalisierten Vollzugssystemen erhält ihre Dynamik einerseits durch die Tatsache, daß Vollzugsinstanzen wie der Gerichtsvollzieher und der Strafvollzug in Klienten-Beziehung zur Prozeßpartei treten, andererseits verfügen Vollstreckungsorgane über eine stabile bipolare Organisationsbeziehung zu ihrer Gerichtsbarkeit. Eigeninteressen der ausdifferenzierten Vollzugssysteme können damit sowohl in Konflikt mit Forderungen ihrer Klienten als auch mit dem Interesse der ihr zugeordneten Fachgerichtsbarkeit nach einem möglichst reibungslosen Geschäftsverkehr treten.

Zumindest bei einigen Gerichten – wie bei den Arbeits- und Sozialgerichten sitzen die organisierten Gruppen, die als ‚Parteien hinter den Parteien' fungieren, mit auf der Richterbank. Ihre Beteiligung verknüpft Mobilisierung, Gerichts- und Implementationsprozeß.

9.3 Gerichtsverfahren als politische Strategie

Wir haben oben gesehen, daß nicht alle Gerichtsverfahren dem Modell des Nullsummenkonflikts entsprechen, bei dem die eine Partei nur erhalten kann, was der anderen genommen wird. Bei einem großen Teil von Verfahren besteht teilweise Zielübereinstimmung zwischen den Parteien, bei anderen wiederum zielt die eine Partei auf etwas anderes, als was sie aus rechtlichen Gründen einklagt (etwa kann Zeitgewinn bei der Entscheidung den Aufwand eines aussichtslosen Prozesses wert sein). Wir müssen also auch die Ziele der Parteien zur Erklärung der Implementationsprozesse heranziehen, die schon die Mobilisierung von Gerichten und deren Selektivität erklären. Parteien können oft ihre Erfolgsaussichten vor Beginn des Prozesses antizipieren. Daher kann auch eine Theorie der Implementation von Gerichtsentscheidungen nicht ohne Annahmen über die den Hintergrund bildenden Ziele der Parteien auskommen, die natürlich auch Gegenparteien und Richter im Prozeß schon vermuten und die sie als spätere Implementationsschwierigkeiten teilweise antizipieren. Das Ziel einer Partei im Gerichtsprozeß ist nicht immer, später einen Titel tatsächlich in Anspruch zu nehmen, sondern sie kann Prozeß und Rechtstitel lediglich als Drohmittel in einem außergerichtlichen Aushandlungsprozeß benutzen; sie kann den Prozeß führen, weil sie in erster Linie Zeit zu gewinnen sucht, oder aber weil sie für zukünftige Konfliktkonstellationen vorsorgen möchte, ohne im aktuellen Fall auf der Durchsetzung des Rechtstitels zu bestehen. Die rechtssoziologische Diskussion um den ‚Gebrauch von Recht' wird in dieser Perspektive auf den Aspekt des Gebrauchs von Gerichten zugespitzt. Das Interesse am Gericht kann dabei von sehr privaten Bedürfnissen bestimmt sein (Scheidungsurteil; Regelung des elterlichen Sorgerechts), aber auch mit kollektiver Interessenwahrnehmung verbunden sein.

In Bereichen, in denen Sozialbeziehungen nicht notwendig abgebrochen werden, gilt das Gerichtsurteil häufig eher als Neubestimmung von Verhandlungspositionen denn als Handlungsanweisung für Konfliktaufarbeitung. Gerichtsvollzieher wissen davon zu berichten, wie wenige der vor Gericht erstrittenen Geldforderungen von ihnen letztlich eingetrieben werden, wie häufig trotz Rechtstitels Gläubiger auf ihre Forderungen verzichten. Bei Streitigkeiten vor den Arbeitsgerichten wird deutlich,

9. Die Implementation von Gerichtsentscheidungen

daß selbst bei den (selten ergehenden) Urteilen auf Wiedereinsetzung in ein Arbeitsverhältnis dieses nur in Ausnahmefällen wieder aufgenommen wird; größer ist solche Wahrscheinlichkeit noch, wenn die Parteien sich mit einem Vergleich vor dem Arbeitsgericht geeinigt haben, als wenn sie eine richterliche Entscheidung herbeigeführt haben. Und selbst bei den Strafgerichten enthalten Urteile meist Bedingungen, unter denen eine Strafe ausgesetzt oder ein Verfahren eingestellt werden kann. Wenn die Beschuldigten Auflagen der Anklagebehörde oder des Richters erfüllen, die einer strafrechtlichen Sanktion gleichkommen, dann kann von einer strafrechtlichen Verurteilung abgesehen werden. Oder wenn sie eine auferlegte Geldstrafe nicht bezahlen, dann können sie ersatzweise zum Absitzen einer Freiheitsstrafe gezwungen werden. Faktisch stellt auch die Vollstreckung von Entscheidungen im Anklage- und Strafverfahren eine Fortführung von Entscheidungsprozessen dar, deren Weichen durch Aussetzen der Anklage ‚unter Auflagen' oder dem Aussetzen von Strafen ‚auf Bewährung' oder das ‚ersatzweise' Eintreten von härterer Strafe gestellt werden. Zwar ist die Bindung von Behörden und öffentlichen Körperschaften an das Gesetz strikter als die von privaten Parteien vor Gericht. Jedoch zeigen auch die Prozesse vor den Verwaltungsgerichten, daß vor, neben und auch nach dem Gerichtsprozeß ein politischer Prozeß des Aushandelns abläuft, in dem der Gang vor Gericht und dessen Entscheidung ein zuweilen nur taktischer Spielstein neben anderen ist.

Betrachtet man die von den Stationen Mobilisierung, Gerichtsverfahren, Entscheidung des Gerichts und Ausführung durch Vollzugsinstanzen gebildeten Ausschnitte als Teile eines fortlaufenden Konfliktlösungsprozesses, dann wird deutlich, daß gesellschaftliche Akteure stets aufs neue Einfluß nehmen können. Gelingt es beispielsweise einem Arbeitgeber nicht, in einem Arbeitsgerichtsprozeß eine Kündigung rechtskräftig werden zu lassen, dann bleibt ihm immer noch die Chance, bei der Implementation eine Wiedereinstellung unwahrscheinlich zu machen. Es ist kein Zufall, daß im Kündigungsprozeß obsiegende Arbeitnehmer auch dann nicht wieder eingestellt werden. Beide Seiten können auch unter Mobilisierung ihrer jeweiligen Interessenpartner in den Politikprozeß hinüberwechseln, einen Schritt ‚höher' gehen und im Gesetzgebungsverfahren zu erreichen suchen, daß der gesetzliche Kündigungsschutz als Reaktion auf die Implementationsschwierigkeiten verändert wird. Allerdings können nur organisierte Teilnehmer am Implementationsspiel ihre Interessen auf verschiedenen Ebenen und in verschiedenen Arenen geltend machen. Vielen Akteuren, vor allem einzelnen Individuen, bleibt nur die eine oder die andere dieser Arenen.

Bei Streitigkeiten mit ‚Parteien-hinter-den-Parteien', vor Arbeits-, Verwaltungs- und Verfassungsgerichten können Verbände, Parteien, große gesellschaftliche Organisationen wie Gewerkschaften oder Arbeitgeber die Wahl der Arenen strategisch bestimmen. Die Mobilisierung von Gerichten erfolgt hier nicht wegen des einzelnen Falls allein, sondern weil kollektive Beziehungen und Interessen unter Anrufung der Gerichte umgestaltet werden sollen. Mit dem Grad solcher strategische Mobilisierung wächst der gesellschaftspolitische Einfluß der Gerichte.

Diese Strategien von Parteien im Prozeß und die mögliche Antizipation späteren Durchsetzungsverzichts und Gebrauchs von erstrittenen Entscheidungen machen

9.3 Gerichtsverfahren als politische Strategie

die Theorie der Implementation von Entscheidungen zum notwendigen Bestandteil der Theorie der Entscheidungsfindung. Damit ist gesagt, daß wir Forschungen zur Mobilisierung von Gerichten, solche zum Ablauf von Gerichtsprozessen ebenso wie solche zur Implementation von richterlichen Entscheidungen als zusammengehörige Teile einer soziologischen Theorie des Gerichtsverfahrens ansehen.

Eine Verfahrenstheorie, die wir – ebenso wie die politik-wissenschaftliche Frage des Implementationsansatzes – als einen in Phasen ablaufenden Prozeß konzipieren, stellt an den Beginn der Analyse den vorhandenen sozialen (oder auch politischen) Konflikt, der in einen rechtlichen Konflikt überführt wird. Die Mobilisierung der Gerichts-Arena folgt dabei einer doppelten Logik: Zum einen führt nicht jeder vorhandene soziale Konflikt zum Anrufen der Gerichte (Selektivität); zum anderen erfordert die ‚Verrechtlichung' des Konfliktthemas eine juristische Selektionsleistung und Zuschneidung des Falles auf das rechtlich Verhandelbare (Transformation). Die entscheidende Leistung des gerichtlichen Konfliktlösungsversuches ist in der Implementationsperspektive die Entstehung des Programms, in dem die Wahl und Festsetzung der in Antizipation vermuteter Folgen verfügten Instrumente erfolgt. Die Eigenheit des Implementationsvorganges als eines teilweise unabhängig von den gerichtlichen Vorgaben sich gestaltenden Prozesses, der neben den Mobilisierungsakteuren weitere ‚Spieler' kennt, kann zu einem Ergebnis führen, das den ursprünglichen sozialen Konflikt löst oder unberührt läßt oder sogar verschärft. Arena und Akteure des gerichtlichen Prozesses können sich damit je nach Kontext der Diskussion auf den individuellen Streit beschränken oder aber in größere gesellschaftliche Auseinandersetzungen eingebettet sein.

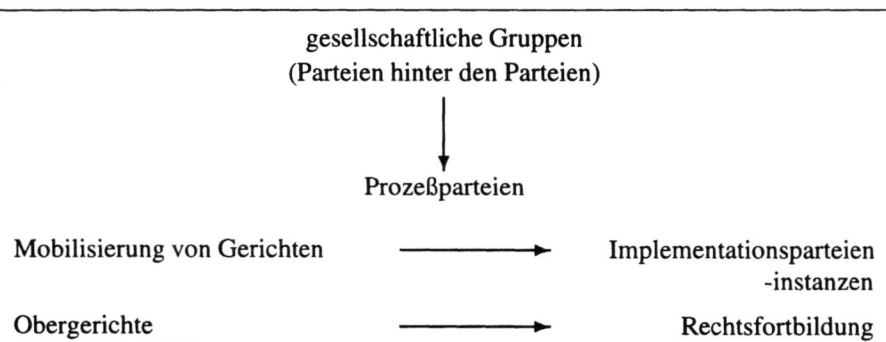

Abb. 9.1. Arenen und Akteure eines Prozesses

Die Akteure der Mobilisierung, die Prozeßparteien und die Implementations-Akteure lassen sich im Implementationsprozeß nach der Gerichtsentscheidung idealtypisch zu folgenden drei Konstellationen bündeln:

– Mobilisierungs-Akteure, Prozeßparteien und Implementations-Akteure, die oft, aber nicht notwendig identisch sind;
– Vollzugsinstanzen (etwa Gerichtsvollzieher oder Strafvollzugsbehörden);

– externe Mobilierungs- und Implementationsagenten, die im Prozeß nicht beteiligt sind (soziale Gruppen, ‚Parteien-hinter-den-Parteien').

Dabei kehren die Bedingungen, die wir bei der Theorie der Mobiliserung der Gerichte kennengelernt haben wieder zurück. Gerichtsverfahren und Implementationsprozesse sind gekennzeichnet durch den sozialen Kontext, aus denen der Rechtskonflikt stammt.

10. Legitimation durch Verfahren?

Recht spielt in den Medien, der Politik und konsequenterweise auch in den Gesellschaftstheorien unserer Tage eine überragende Rolle. Kaum ein Thema, das nicht auf rechtliche Attribute hin thematisiert würde, kaum eine politische Entscheidung, die nicht verfassungsjuristisch in Frage gestellt werden könnte, und kaum ein Soziologe, der sich einer Frage ohne Bezug zu seiner rechtlichen Einordnung entledigen könnte. Auch die ‚großen' soziologischen Theorien unserer Tage, die Diskurstheorie von Habermas und die Theorie autopoiëtischer Systeme von Niklas Luhmann haben den Verfahren des Rechts eine zentrale Funktion in der Gesellschaft zugedacht. Allerdings haben sie dabei entgegengesetzte Konzeption dessen, was Verfahren leisten können: Habermas[1] erwartet von ihnen eine kommunikative Verständigung, die zur Legitimation ihrer Entscheidungen führt, während Luhmann[2] als Leistung von Verfahren die Entscheidbarkeit selber sieht – ganz gleich, wie sich die einzelnen Beteiligten zu ihr stellen.

Um den Unterschied beider Fragestellungen zu verdeutlichen, fängt man am besten mit einer Unterscheidung von ‚Legitimation' und ‚Akzeptanz' an. *Akzeptanz* ist soziologisch eindeutig festzustellen: Man kann sie bei den Prozeßbeteiligten messen, etwa daran, zu welchem Maß auch der Verlierer eines Prozesses sein Ergebnis zu akzeptieren bereit ist, etwa weil das Verfahren fair erschien, oder weil der Richter Autorität genießt. Man kann Akzeptanz auch daran ablesen, daß unbeteiligte Dritte das Verfahrensergebnis bestärken: Häufig verläuft der Mechanismus der Akzeptanz beim Verlierer über die Erkenntnis, daß Freunde und Bekannte sich weigern, weitere ‚Unrechtsgeschichten' anzuhören – die Akzeptanz wird von der sozialen Umwelt definiert. Im allgemeinen Sinn, abgehoben von einzelnen Rechtsfällen, geht es bei der Akzeptanz von ‚Recht' um das Vertrauen in Institutionen: Vertrauen in die Justiz, die Anwälte oder darin, daß es „im Rechtsstaat schon mit rechten Dingen zugehen wird". Vertrauen ist – je nach Gültigkeitsanspruch – durch Tiefeninterviews, Gruppengespräche oder sogar standardisierte Fragebögen, meßbar.

Legitimität dagegen bezeichnet eine Vorstellung, die empirisch nicht festzumachen ist. Die Diskurstheorie, die eine Grundlage für die Legitimität unseres Rechts sucht, fragt nach dessen *Begründbarkeit*. Maßstab ist die *Vernünftigkeit*. Darüber, was *vernünftig* ist, was nicht, entscheidet der *Diskurs* aller Vernünftigen. Ein *Dis-*

---

[1] Jürgen Habermas: Faktizität und Geltung – Beiträge zur Diskurstheorie des Rechts und des demokratischen Rechtsstaats, Frankfurt 1991.
[2] Niklas Luhmann: Das Recht der Gesellschaft, Frankfurt 1993.

kurs soll *herrschaftsfrei* sein, er erhebt den Anspruch der Gleichheit aller Beteiligten – aber dies sind nur diejenigen, die sich Argumenten der Vernunft beugen.

Offensichtlich an dieser zirkulären Argumentation ist die Verlegenheit, ohne externen Bezugspunkt (etwa transzendentaler Vernunft) Gründe für die Begründbarkeit von Recht zu finden. Da dies inhaltlich, für die Vernunft materieller Rechtsnormen nicht zu leisten ist, wird der Maßstab auf die Vernunft der Verfahrensnormen verschoben. Vernünftig (hier könnte man auch sagen gerecht) ist die Entscheidung, die in einem gerechten Verfahren zustande gekommen ist. Die Verschiebung hat Vorteile für die Beteiligten: Über die Kriterien der Beurteilung von Verfahren läßt sich eher Übereinstimmung erreichen als über die Entscheidung selbst; und auch für die empirische Forschung gilt: Rechtsverfahren lassen sich beobachten, Recht selber nicht.

In der Diskurstheorie werden Verfahren allerdings als ideale Konstruktion vorgestellt. Sie könnte als normativer Maßstab dienen, an dem das Zustandekommen rechtlicher Begründungen gemessen wird. Jedoch findet man in der Literatur zur Diskurstheorie kaum einen Versuch, diesen Maßstab je anzuwenden; alle Information über Verfahren stammen aus den Seminaren und aus dem Schrifttum von Rechtstheoretikern. Sie spiegeln nicht die Rechtswirklichkeit der Polizei, des Gerichtssaals und des kleingedruckten Vertrags, sondern *rekonstruieren* argumentative Konsistenz vor allem höchstrichterlicher Begründungen. Rechtsvergleicher nennen deutsches (und ebenso anderes kontinentales) Recht daher auch *Professorenrecht*. Anglo-amerikanisches Recht dagegen, und damit auch seinen Diskurs bestimmen Anwälte und Richter im Gericht. Einleuchtend ist, daß diese ihre Argumente strategisch wählen: Am Erfolg ihrer Interessenperspektive ausgerichtet, aber zielend auf die Akzeptanz durch andere, damit eher an pragmatischen Kriterien gemessen.

‚Recht' fügt der Wirklichkeit der Seminare nämlich eine prekäre Eigenschaft hinzu. Von der Entscheidung über Rechtsfragen hängt für viele vieles ab, zum Beispiel, ob sie im Gefängnis landen, das Häuschen im Osten Deutschlands zurück erhalten oder ein werdendes Kind auszutragen haben oder nicht. Für denjenigen, der verliert, wird dies selten akzeptabel scheinen, aber er muß es hinnehmen. Niklas Luhmann verdeutlicht in seinem Buch unter dem Titel ‚Legitimation durch Verfahren' (1969), daß die Hinnahme von Entscheidungen kein Einverständnis zu sein braucht, es genügt die Einsicht des Rechtsunterworfenen, daß für weiteren Widerstand keine Unterstützung von Dritten mehr zu erwarten ist. Wer anderen weh tut, wird bei diesem keine Akzeptanz erwarten, wohl aber gegenüber Dritten Legitimationen suchen. ‚*Legitimation*' nennt er hier also eine gesellschaftliche Akzeptanz; sie wird angestrebt unter den Umstehenden, nicht unter den Betroffenen.

Das Rechtssystem hat für das Zustandekommen gesellschaftlicher Akzeptanz auch gegen den Willen von Betroffenen einige Vorsichtsmaßregeln getroffen, die Luhmann beobachtet hat. Es sucht sie in einer Arbeitsteilung zwischen der Mobilisierung von Rechtsfragen, der Entscheidung über die Streitfragen und der Ausführung von Entscheidungen. Die Psychologie der Empathie würde es dem Richter erschweren, sollte er die Folgen seines Urteils mitansehen, und der Ausführer wird entlastet davon, es entscheiden zu müssen. Als Entlastung wirkt auch, daß alle Beteiligten in der Instanzenkette sich auf die Begründung ihrer begrenzten Kompetenz beschränken können. Sie wenden nur an, was andere vor-entschieden haben: Die Anwälte berufen sich auf die rechtlichen Möglichkeiten, die Richter auf das Gesetz, der Gerichtsvollzieher auf das zu vollstreckende Urteil. Die Koordination zwischen den Instanzen dieser Kette geschieht durch Verfahren. Und auch diese entlasten wieder: Alle Beteiligten können absehen von Funktionen und Folgen der Entscheidung und sich darauf beschränken, sich auf das korrekte Verfahren seiner Erstellung zu berufen. Das ist denn auch das wichtigste Argument für Dritte, die Entscheidung für ‚richtig' zu erklären, daß sie durch geregelte Verfahren zustande gekommen ist.

Diese Theorie des Erwirkens gesellschaftlicher Akzeptanz durch Verfahren bezieht ihren Maßstab vom außenstehenden Beobachter, der nicht von den Interessen und Rollenverständnissen der verschiedenen Beteiligten gestört wird. Die Beteiligten müssen das Infragestellen des Verfahrens und seiner Folgen abwehren; sie tun dies dadurch, daß sie es in Einzelschritte aufteilen und die Beteiligten den Überblick verlieren lassen. Gesellschaftliche Akzeptanz von Recht ist dann eine übergreifende Hülse, die Legitimation unterstellt, weil es verfahrensmäßig zustande gekommen ist. Und weil dieser Anspruch natürlich immer wieder in Konflikt gerät mit den greifbaren Auswirkungen rechtlicher Entscheidungen, wird immer erneut Bedarf nach deren Begründbarkeit geschaffen. *Recht* ist dann ein umfassendes System, mit dem die Legitimation aller einzelnen *Rechte* wundersam zusammengefügt wird.

Hier liegt ein gemeinsamer Nenner der Diskurstheorie mit der der Legitimation durch Verfahren: So wie die Rechtspraktiker die Legitimation ihrer Entscheidungen im Verfahren suchen, so nun auch der Rechtstheoretiker die Meta-Legitimation im *Diskurs*. An diese ideal gedachte Einrichtung werden ähnlich wie die Praktiker an Verfahren eine Reihe von formalen Bedingungen gestellt: Was beim Verfahren das *rechtliche Gehör*, wird beim Diskurs die *gleichberechtigte Teilhabe*, aus dem 'due process' des Verfahrens wird der *herrschaftsfreie Diskurs*. So wie beim Verfahren die Begründung einer Entscheidung als gerecht an das Ende einer langen Kette von Kriterien ihrer Erarbeitung gesetzt wird, so beim gesamten Rechtssystem die Legitimität seines Geltungsanspruchs an den Prozeß ihrer diskursiven Formulierung. Habermas hält fest an dem Streben, daß ein Diskurs den Begründungszusammenhang von Recht und Moral herstellen könne; wir nennen dies daher auch eine *aspirative Theorie*.

Die Möglichkeit, Recht aus der Moral zu begründen, aber weist Luhmann entschieden zurück. Seine Beobachtungen, das Verfahren gesellschaftliche Akzeptanz herstellen, aber keine darüber hinausgehende Legitimität begründen, führt er in der Theorie des Rechts als *Autopoësis* einen Schritt weiter. Wenn Recht als Verfahren das (materielle) Recht der Entscheidungen zu begründen vermag, denn begründet eben Recht, nicht Moral das Recht. Die Begründung von Entscheidungen ist radikal geschieden von den Motiven der Richter ebenso wie von der Psychologie der Akzeptanz. Allein aus dem System des Rechts können einzelne Entscheidungen abgeleitet werden, absichtsvoll *abgekoppelt von* der Moral des Alltags. Luhmann preist diese *Autopoësis* als evolutionäre Errungenschaft: Erst diese Abkoppelungen ermöglichen die fortlaufende Veränderung des Rechts bei gleichzeitigem Festhalten an seiner Verbindlichkeit. Die autopoïetische Theorie beschreibt damit eine Begründungsarchitektur der juristischen Argumentation innerhalb ihrer internen Richtigkeitskriterien, in der Funktionen und Folgen rechtlicher Entscheidungen nicht berücksichtigt zu werden brauchen.

Die Entscheidung von Rechtshandelnden, ob sie Gerichte mobilisieren oder nicht, sieht anders aus. Eine Soziologie der Mobilisierung von Gerichten kommt daher zu gänzlich anderen Perspektiven auf das Recht. Das Recht in den Köpfen ist anders als das Recht im Handeln. Und das Recht in den Köpfen der Theoretiker ist anders als das Recht in den Köpfen der Handelnden.

M. Fuchs
Deliktsrecht
1995. XXIII, 238 S. Brosch. DM/sFr 32,-; öS 249,60.
ISBN 3-540-58626-1

Verständlich und prägnant werden zahlreiche Fälle aus der Rechtsprechung mit Sachverhalt und tragenden Entscheidungsgründen vorgestellt.

K. Laubenthal
Strafvollzug
1995. XIX, 334 S. Brosch. DM/sFr 39,80; öS 310,50.
ISBN 3-540-58633-4

Studenten, Vollzugsmitarbeiter und alle mit Fragen des Strafvollzugs Befaßte finden hier alles Lern- und Wissenswerte.

H. Honsell
Römisches Recht
3., erg. Aufl. 1994. XVI, 198 S. Brosch. DM/sFr 32,-; öS 249,60.
ISBN 3-540-57972-9

Dieses Buch bietet eine Einführung in das römische Rechtsdenken und die Anfangsgründe der Zivilrechtsdogmatik und ist als Lern- und Lesebuch konzipiert.

K. Larenz, C.-W. Canaris
Methodenlehre der Rechtswissenschaft
3., neubearb. Aufl. 1995. XII, 320 S.
Brosch. DMsFr 49,50; öS 386,10.
ISBN 3-540-59086-2

Seit Jahren ein Klassiker unter den Lehrbüchern zur juristischen Methodenlehre.

Springer-Verlag, Postfach 31 13 40, D-10643 Berlin, Fax 0 30 / 82 07 - 3 01 / 4 48   e-mail: orders@springer.de

H.J. Wieling
Bereicherungsrecht
1993. XIV, 109 S. Brosch. DM/sFr 26,-; öS 202,80. ISBN 3-540-56912-X

Orientierungshilfe für das undurchsichtigste Kapitel des Schuldrechts, dem Bereicherungsrecht zu geben.

Sachenrecht
2., korr. u. erg. Aufl. 1994. XXVII, 483 S. Brosch. DM/sFr 39,80; öS 310,50.
ISBN 3-540-57803-X

Alle mit dem Recht der beweglichen Sachen sowie dem Grundstücksrecht in Verbindung stehenden Prinzipien werden auf der Grundlage historischer Entwicklung in einem systematischen Zusammenhang vermittelt.

P. Salje
Arbeitsbuch Bürgerliches Recht 2
Mit Fragen und Lösungen zum Selbststudium
1993. XXIV, 329 S. Brosch. DM/sFr 34,-; öS 265,20. ISBN 3-540-56805-0

T. Zerres
Bürgerliches Recht
Ein einführendes Lehrbuch in das Zivil- und Zivilprozeßrecht
1993. XVII, 308 S. Brosch. DM/sFr 24,-; öS 187,20. ISBN 3-540-56586-8

Eine Vielzahl von Beispielen aus der Praxis und einprägsame Illustrationen machen in eingängiger Erläuterung vertraut mit den ersten drei Büchern des Bürgerlichen Gesetzbuches, dem Allgemeinen Teil, dem allgemeinen und besonderen Schuldrecht sowie den Grundzügen des Sachenrechts.

M. Paschke
Medienrecht
1993. XVIII, 223 S. Brosch. DM/sFr 38,-; öS 296,40. ISBN 3-540-56803-4

Die herausgestellten Grundsätze, die sich aus der Verfassung des Medienrechts als Querschnittsdisziplin der Säulen des Privatrechts, des Öffentlichen Rechts und des Strafrechts ergeben, machen die Materie transparent und ziehen einen roten Faden zur Praxis.

T. Mayer-Maly ■■■■■■■■■■
Einführung in die Rechtswissenschaft
1993. VIII, 132 S. Brosch. DM/Sfr 32,-; öS 249,60.
ISBN 55732-6

Springer

Preisänderungen vorbehalten.

Wie können wir dieses Lehrbuch noch besser machen?

Diese Frage können wir nur mit Ihrer Hilfe beantworten.
Zu den unten angesprochenen Themen interessiert uns Ihre Meinung ganz besonders. Natürlich sind wir auch für weitergehende Kommentare und Anregungen dankbar.
Unter allen Einsendern der ausgefüllten Karten aus **Springer-Lehrbüchern** verlosen wir pro Semester **Überraschungspreise** im Wert von insgesamt **DM 5.000,-- !**

(Der Rechtsweg ist ausgeschlossen)   Springer-Verlag

Welche Lernhilfen hätten Sie gerne?
☐ Merksätze
☐ Fragen zur Wissensüberprüfung
☐ Sind für dieses Fach nicht erforderlich

Was halten Sie von diesem Buch?
_____
_____
_____

Haben Sie Verbesserungsvorschläge?
_____
_____
_____

Warum haben Sie dieses Buch gekauft?
☐ Zur Verwendung neben einer Vorlesung
☐ Zur Nachbearbeitung einer Vorlesung
☐ Zum Selbststudium

Hat dieses Buch Ihre Erwartungen erfüllt?
☐ Ja
☐ Bedingt
☐ Nein

Gibt es Themen,
☐ die Sie besonders interessieren? Welche? _____

☐ die Sie vermissen? Welche? _____

Blankenburg:
Mobilisierung des Rechts, 1. A.

Absender: _____

_____

_____

_____

Ich bin:
☐ Jura-Student/in im ___ Semester Universität / Hochschule

☐ Referendar oder _____

☐ und möchte in Zukunft über die Lehrbücher des Springer-Verlags informiert werden

---

Antwortkarte

An
Springer-Verlag
z.Hd. Frau Jutta Becker
Planung Rechtswissenschaften
Tiergartenstraße 17
D-6900 Heidelberg

Bitte freimachen

MIX
Papier aus verantwortungsvollen Quellen
Paper from responsible sources
FSC® C105338

If you have any concerns about our products,
you can contact us on
ProductSafety@springernature.com

In case Publisher is established outside the EU,
the EU authorized representative is:
**Springer Nature Customer Service Center GmbH
Europaplatz 3, 69115 Heidelberg, Germany**

Printed by Libri Plureos GmbH
in Hamburg, Germany